鴻上尚史——著

陳美瑛——譯

「空気」を読んでも従わない——生き苦しさからラクになる

我讀「空氣」但不盲從

不受情緒影響，
拒絕「人際空汙」的思考練習

推薦序

讓你跟別人變得幸福

張維中

自從新冠肺炎疫情爆發以來，長年住在日本的我，經常被臺灣的朋友詢問：「日本人到底怎麼了？」大家都抱著一種難以理解的情緒，不懂為什麼印象中個性嚴謹，非常遵守規矩又有執行力的日本人，這一次面對疫情的態度是如此慢半拍，而且滿不在乎？當我讀完了鴻上尚史的《我讀「空氣」但不盲從》以後，我想這本書裡提到的日本民族性，多少可以解答各位的疑惑。

雖然這本書真正要說的是關於日本人「讀空氣」這件事，但因為探討是什麼樣的前因後果形塑出這種狀況，所以也將歷史中的民族特質爬梳了一遍。

當日本人面對各種的苦難或困境時，經常最後都會冒出一句：「這也是沒辦法的事」作為結論。鴻上尚史認為，這跟日本人從未被外族侵略或統治過有關。自古以來日本人面對的多是天災，你不可能對天災生氣，你只能默默接受，頂多就是從反反覆覆的受害中，看看能否找出一點規則和方法來防範。但如果完全沒經驗可循呢？那麼也只能自認倒楣，慢慢去摸索解決之道。然而，因為最終心裡總潛藏著「這也是沒辦法的事啊！」的態度，於是這種認命的生死價值觀，在外人看來，有時候就感覺是種消極和無所謂。

確實，回想起來，我身邊有太多的日本朋友，聊起這次毫無應對經驗的傳染病時，最後都會像口頭禪似地來一句：「真要感染了也沒辦法啊！」倘若抱持此般心態，再極端一點的話，就成為新聞中那些不戴口罩、不遵守自主隔離，趴趴走也無所謂的日本人了。

養成了「那也沒辦法啊」的價值觀，上述的天災算是「自然成因」；其實還有另一個更大的影響來自於「人為成因」，那就是《我讀「空氣」但不盲從》這本書裡談到的「約定俗成」和「讀空氣」兩者之間的關係。

約定俗成是一種「世俗」的概念，鴻上尚史認為，經年累月下來，形成了讀空氣的文化。因為所謂的世俗，是沒有明文條列的規矩，傳統怎麼做，大家就會遵守。日本人篤信這股自我約束的力量。一旦你有不同的意見，成為反對者，就可能被認為破壞世俗。同樣地，如果你突然改變一股群體中都默認OK的氣氛，或是個不太察言觀色、不太順從意見的人，就等於是破壞約定俗成的規則。於是你就成為一個「不會讀空氣」的「白目」的人。要是遇人不淑的話，不會讀空氣的你就會被對方討厭；要是在學校或公司裡，更可能被一大群正義魔人，以不存在也看不見的規則來排擠和霸凌你。

日本從古到今，無論群體結構（村落或社會）如何改變，這種世俗的傳統一直殘存著。根深柢固的觀念，到了現代就變成讀空氣的文化。久而久之，日本人認命的那一面顯露出來了，反正覺得孤掌難鳴無法改變群體的規則，那麼就噤聲順從吧，因為「那也是沒辦法的事」！

鴻上尚史在這本書裡，深入淺出且言簡意賅地分析了讀空氣文化的來龍去脈，目的是帶著讀者一一攻破這些迷思，為「不一樣的你」找到解套，尋求做自己的生存方式。我想那不僅是寫給日本人的，也是寫給所有太在意他人眼光，不擅長於說「不」，總是活在世俗眼光甚至被視為異類的每一個人。

這些社會價值觀是正確的嗎？難道只是因為大家都這麼想，所以就成為不可挑戰的信念？鴻上尚史提出形成世俗的五大規則，包含年長者的地位高、珍惜「度過相同時光」、重視送禮、排擠同伴、神祕感，領著讀者一條條重新審視這些造成約定俗成的因果。於是，在閱讀之後，或許你才會驚覺其實你也不知不覺被這些奇怪的價值觀給制約了。漸漸地，在群體中，你為了配合大家，變成一個選擇妥協、不表達真實想法的人。不敢說「不」，一開始只是不想找麻煩，也不想帶給他人麻煩，結果委屈自己，最後甚至變成見風轉舵的人，愈來愈投機和冷漠。

我喜歡鴻上尚史在書的後半部提到，我們可能在生活中會遇到困難，其實很想發難，但因為想做個會讀空氣的人（也就是臺灣人說的不白目或息事寧人），所以屈就於害怕同儕反對的壓力而沉默。但鴻上尚史說，那其實不是麻煩，而是生存中的「互相」，那是一種「讓你跟別人變得幸福」的生存方式。換作我的話來詮釋，我想就是人與人之間，偶爾「欠人情」並不是壞事。因為欠了人情要還，才有互相牽繫，才有互助合作。

我們應該將讀空氣視為一種設身處地的著想，而非一種隨波逐流的盲從及委屈。察言觀色並非壞事，抱著體貼之心，但別消弭自己的想法，回歸一個不壓抑的自我。

（本文作者為旅日作家）

前言

你是否曾有過受託於人，明明心中百般不願意，卻還是拒絕不了的經驗？

是否曾經內心有其他想法，卻因在意旁人眼光，只好按捺下來，勉為其難去做其實沒那麼想做的事？

是否曾在接到前輩的指示之後，心裡忍不住埋怨：「為什麼我非得當個應聲蟲不可呢？」

明明不想再管訊息了，卻還是得不斷回覆LINE、電子郵件和私訊？

你是否曾受困於難以擺脫的「**空氣**」或「**團體氣氛**」，因此綁手綁腳，難以發揮能力，做自己想做的事？

為什麼我們總是會為了生活中這些鬱悶的感覺而長嘆不已呢？

本書將**解開讓你感到鬱悶的祕密**，**提供你人生變輕鬆的方法**。

「咦？這種事還有祕密喔？」你或許會產生這樣的疑惑。

當然有。而且，一旦知道了祕密，人生也將瞬間變得輕盈起來。

為什麼拒絕別人的請託這麼困難？

為什麼會這麼在意旁人的眼光？

為什麼一定要順從前輩？

為什麼總是得配合大家？

為什麼要一直在意LINE和電子郵件？

為什麼總會被周遭不知不覺間形成的「空氣」影響？

以下我將依序說明。事實上，這些問題一點也不難。

如果仔細思考，答案就出來了。

「我討厭動腦」，或許有人因而皺起了眉頭。

思考，非常重要。

比方說，當你身上發生了一件非常悲傷的事。你覺得很痛苦、很痛苦，甚至傷心到想死的地步。

如果你什麼都不做，就會一直悲傷、痛苦下去吧。

所以此時，你必須試著思考：「為什麼我會感到這麼悲傷呢？」

在思考的過程中，你會察覺到悲傷的程度降低了。

有這麼簡單嗎？也許你會嗤之以鼻。

舉個例子吧，假設你養了很久的小狗波吉死掉了。你覺得悲傷不已，止不住淚水。

但如果這時你腦中想的是：「為什麼我會這麼傷心呢？那是因為我和波吉共同生活了十二年的緣故吧。正因為我和波吉擁有開心的回憶，才會覺得這麼悲傷吧。對了，我們最快樂的時光是什麼時候呢？我想我是因為再也無法和波吉一起擁有快樂時光，才會這麼難過吧。」像這樣不斷思考。在思考的過程中，悲傷的情緒也會逐漸消散。

當然，悲傷的事情本身並不會消失。波吉離開的悲傷確實會一直持續。但是，如果我們能針對悲傷的情緒進一步思考，思考過程就能帶我們逐漸遠離悲傷。

這就是所謂「思考力」。

為了不受情緒左右，我們必須學習思考。這並不是為了在考試中獲得高分，或為了考進知名學校而思考。

而是為了避免忽略周遭的情況，為了避免陷入鬱悶而思考；

也是為了避免感情受創或失敗而思考；

為了找到更好的生活方式，為了讓人生更加輕鬆而思考。

因此，你也必須思考讓你身陷鬱悶的祕密。

思考一點也不難，不如說是變開心的過程。在一個一個解開祕密的過程中，發現事情真正的本質，相信這會讓你感到雀躍不已。

現在就出發，讓我們一起找出那些讓生活陷入「鬱悶」的祕密。

推薦序　讓你跟別人變得幸福　張維中　003
前言　009
1 為什麼要服從前輩？　017
2 為何無法拒絕別人的請託？　025
3「世俗」與「社會」　031
4「世俗」的起源　039
5 意圖破壞「世俗」的人們　049
6 根深柢固的「世俗」觀念　055
7「世俗」崩壞中　061
8 外國沒有「世俗」觀念　067
9 拒絕他人請託感到痛苦的祕密　077

目錄
Contents

10 當他人請託時 083
11 知己知彼 089
12 所謂「空氣」 093
13「世俗」的規則1 年長者的地位高 105
14「世俗」的規則2 「度過相同時光」很重要 111
15「世俗」的規則3 重視送禮 121
16「世俗」的規則4 排擠同伴 125
17「世俗」的規則5 神祕感 129
18「世俗」很難改變 135
19 對抗「世俗」五大規則的方法 147
20 對抗強大「世俗」的方法 161
21 同儕壓力 169

22 重視自己 179
23 不怕被排擠 187
24 「世俗」不只一個 193
25 支援自己的網絡 203
26 在智慧型手機時代學會自處 209
結語 219

1 為什麼要服從前輩？

筆者在NHK BS1頻道的《發掘酷日本！COOL JAPAN》（COOL JAPAN～発掘！かっこいいニッポン～）節目中擔任主持人超過十年。節目內容介紹的是「酷也令人驚奇的日本」，不過當中也有「不酷也無法理解的日本」。

例如一名德國女生來日本讀大學，並加入高爾夫球社團。

她在大學三年級時才加入社團，不過在社團裡也被視為擁有三年資歷的成員。

在節目中，這名留學生分享了社團中令她感到非常驚訝的現象。

那就是第一年新生要「宛如奴隸般」打掃社團教室、準備練習時大家需要的物品，還要服務前輩。

身為德國人的她完全無法理解這種情況。「宛如奴隸般」，這是她用的形容詞。

而前輩們「宛如國王般」理所當然地接受服務。

她忍不住問身旁的人：「為什麼會這樣？」

「為什麼一、二年級生就一定要服侍三、四年級生？」

「為什麼一定要聽三、四年級生的指令不可？」

對於這個提問，你會如何回答呢？

「很正常啊，畢竟他們是前輩嘛。」

高爾夫球社團成員給了這樣的回覆，但這名德國女學生還是無法理解。

「就算是前輩，也才差一年而已吧。多一歲就可以變這麼偉大嗎？」

對方面有難色地說：

「前輩就是前輩嘛。」

也有人說：

「傳統上就是這樣」、「大家都這麼做啊」。

各位覺得這些是好的答案嗎？

不妨試想，「為什麼鑽石這麼貴？」對於這個問題，如果回答「因為是鑽石」，那就不叫答案；「從以前就這麼貴了」，這也不是答案。

鑽石是貴金屬，產量少，而且是天然且極為堅硬的物質，所以研磨後散發出閃耀光芒吸引世人追求。這樣的解釋才是鑽石昂貴的理由吧。

那麼，前輩地位高的理由是什麼呢？

比晚輩大上幾歲？

但是，僅僅幾歲的差距卻有宛如「奴隸」與「國王」的地位差異，這合理嗎？

她無法理解「歲數差距所帶來的差別處境」。

事實上，讓她驚訝的理由源於德國文化中並沒有「前輩．晚輩」的觀念。

不只是德國，歐美大多數國家都沒有「前輩．晚輩」的觀念。

我並不需要因為對方比我年長個幾歲，就要順從他。

各位感到驚訝嗎？

筆者在英國的戲劇學校念書時，和一位七十二歲的女教師熟識。

我們的關係很親近，她曾以半開玩笑的語氣對我說：「日本人會因為年歲較長而尊敬對方吧？真是令人羨慕啊。」

在英國，光憑七十二歲高齡，並不會因此成為他人尊敬的對象。十八歲的學生與七十二歲的教師，也能站在平等的地位交談。

這位女教師叫做查蒂，就算她正在講課，十八歲的學生也會毫不在意地打斷她：「妳這樣說不對。」

然而，東方人的我們看到這一幕，一定會大感驚訝吧。

如果對方是年長者，多數人會盡可能閉嘴聽話。

不只是英國，大部分國家都不認為年齡是影響人際互動的因素。

無論對方是高齡者或一般成年人，一律平等對談。是值得尊敬的師長，就以尊敬的態度面對；若對方並未回饋你值得尊敬的態度，再年長也不值得尊敬。

曾參加社團活動的人或許會對這種情況起共鳴：是否愈無能的前輩就愈愛吹噓自己的年資？

是否愈無能的前輩就最愛擺威風，而且說話總採取高高在上的姿態，命令甚至霸凌晚輩？

我想真正值得敬佩的前輩，幾乎都不會擺出前輩的架子吧。

我在國中時曾參加軟網社團。

我至今仍清楚記得，擁有強大且堅實自信的前輩都很親切對待晚輩。

而惡整晚輩的，反倒是那些既無實力，也對自己沒有自信的前輩。

想盡辦法使喚晚輩，要晚輩四處跑腿，也可能只是為了解悶而欺負晚輩。

我當時就想：「為什麼一定要服從不值得尊敬的前輩？」

親切而且有實力的前輩，就算沉默寡言，也令人想跟隨。

然而，那些把晚輩當成宣洩壓力的工具的前輩，卻教人完全無法由衷尊敬。

順從對方，是因為對方值得尊敬。

這才合理吧。

我們無法聽從不值得尊敬的人所說的話。

因為對方夠優秀，我才尊敬對方。

一旦清楚理解到這個邏輯，就會明白「對方比我年長，所以要尊敬他」、「對方比我年長，所以要服從他」這些觀念，是多麼荒謬。

關鍵在於對方是否值得尊敬，而非對方是否年長。

但是，傳統上認為對方年長，因而要視為前輩服從。

這是為什麼呢？

為什麼要服從呢？

你是否會想，傳統上如此，所以大家才這樣做？

沒錯，這就是所謂約定俗成。

光是年長，就要服從，這不是你我決定的，而是傳統留下來的文化。

這不是你個人的問題。

這不是你太懦弱，也不是前輩太蠻橫。

我們要思考的是傳統文化與習慣，而並非把焦點擺在自己身上。因此，如果要思考不服從前輩的方法，就必須先了解傳統的文化特質。

讀到這裡，是否出乎你的意料呢？

拒絕人際空汙的思考練習①※

值得尊敬的人，就以尊敬的態度面對。

若對方並未回饋你值得尊敬的態度，年紀再大、資歷再深，也不值得尊敬。

※「拒絕人際空汙的思考練習」專欄內容均由編輯部彙整書中各章內容編纂而成，日文版並無此專欄。

2 為何無法拒絕別人的請託？

我想再談談和傳統有關的話題。

你能輕易拒絕別人拜託的事嗎？

朋友有事請託時，如果感到為難，你能坦率地表明不願意幫忙嗎？

就算心裡覺得討厭，卻也很難說出「我不想做」，只好心不甘情不願地執行對方的請託？

我想大多數人都很難說出「我不想」的回答吧。

這並不是因為你性格懦弱，而是與我們的傳統有關。

我過去在美國工作時，曾發生過這樣的事。

當時我拜託一位美國同事：「你可以幫我做〇〇嗎？」那位同事微笑回答我：「不行。」

我嚇了一大跳。

一般我們在拒絕對方時，常會露出掙扎及歉疚的遺憾表情，或是流露出一副反省的姿態。

而我的美國同事卻僅僅帶著微笑說：「NO」。

我那時備感衝擊。

我從來沒看過有人用那樣的表情表達拒絕。

由於太驚訝了，我忍不住問他：「為什麼你可以笑著這樣說？」

同事愣了一下，反問我：「為什麼我笑著拒絕你很奇怪？」

我回答：「拒絕別人不會感到壓力嗎？難道你總是輕易就對對方說『NO』

嗎？」

他又愣住了，隨即爽快地說：「辦不到的事就說辦不到，這不是很理所當然嗎？」

我心裡嘟囔著：「說是這樣說，實際上哪有那麼簡單。」

我想你可能也和我一樣，拒絕別人的請託時，內心總會產生各種糾結，甚至感到對對方很抱歉。

由於排斥那樣的心情，再過分的請託，也都盡可能地接受。

對於美國同事的回應，我反復想：「為什麼會這樣呢？」不想做的事就說不想做，只不過拒絕罷了，為什麼我們會因此感到痛苦呢？

若是仔細思考，應該會發現真的很奇怪吧。

畢竟自己只不過是說了「我不想」而已。

然而不只是我，多數人對於說「我不想」，會感到極大的壓力或心生抗拒。

從那之後，我都會觀察外國人拒絕別人時的表情。

並感覺到他們其實是很自然地說「我不要」、「我不想」。

做不到的事就說做不到；不喜歡的事就說不喜歡；覺得不合理就說這樣太勉強。他們以理所當然的心態，自然而然地把內心真正的想法說出口。

我不斷思考為什麼會出現這種差異。

追根究柢，我認為這些都源於「**世俗**」與「**社會**」的觀念。

這兩種觀念，是我們理解東方人這種「傳統」的重要線索。

拒絕人際空汙的思考練習②

做不到的事就說做不到。

不喜歡的事就說不喜歡。

覺得不合理就說這樣太勉強。

3「世俗」與「社會」

我想大家或許都聽過「世俗」這個詞吧，也可能有人沒聽過。「社會」的話應該都聽過吧。不過這裡指的並不是學校的「社會」學科。以下我會向各位進一步說明何謂「世俗」、何謂「社會」。解釋稍顯冗長，還請耐心讀下去。

或許你會想：「為什麼我要了解這些呢？」那是因為我們生活中的鬱悶，與「世俗」、「社會」有著密不可分的關係。

一旦理解了「世俗」與「社會」的意義，就會發現生活中總是感到鬱悶的祕密。

這兩個詞是解開謎團關鍵的鑰匙，我不會用太過艱澀的例子來說明，還請各位無論如何都要耐著性子閱讀。

所謂「世俗」，指的是現在、未來跟你有關的人們。

具體來說，學校的同學、補習班的朋友、地方社團的成員和鄰居等周遭生活圈的人們，對你而言就是「世俗」。

「世俗」的相反是「社會」。

所謂「社會」，指的是現在、未來與你沒有任何關係的人們。

例如擦身而過的路人、大眾運輸上鄰座的乘客、初次光顧的超商員工，以及其他學校或公司的人。

「世俗」與「社會」共同建構出我們身處的環境。

我來進一步解釋吧。

你曾經遇過大媽旅行團嗎？

這是我之前在車站月臺等車時發生的事。

當時有幾名大媽一起等車。

列車才進站，車廂門一打開，排在我前頭的大媽隨即衝進車廂。

然後站在四人座前，轉身朝我後面大聲呼叫：

「鈴木太太！山田太太！這裡、這裡！」

我身後的大媽聽到了呼叫，紛紛超前我，一副理所當然的態度穩穩坐下。

我和另一位乘客則因為第一位大媽擋住而無法就座。

一般來說，乘客會按照上車的順序依次就座。不過大媽無視我的存在，呼叫了排在我身後的朋友。

你也有過類似的經驗嗎？

可是，無視我的大媽真的是冷漠無禮的人嗎？我想不是的。

大媽在她的朋友圈中，或許是一位熱愛幫助、照顧別人的人。

她重視與自己有關係的人。

這就是我前面所說的，「世俗」指的正是與自己有關的人。

而大媽重視自己的「世俗」。

對她來說，排在身後的我及另一位乘客都和她無關；因為是屬於「社會」的人，所以可以輕易忽視。

我們基本上就是活在「世俗」觀念裡的人。

我們重視與自己有關的人們，而那些活在與自己無關的「社會」的人們，可以忽視且無須在意。

這不是冷漠，也不是壞心眼，只是因為人們認知到彼此生存在不同的世界。

你在路上看到認識的人，大多可以毫無拘束地打招呼吧。

活在同一個「世俗」範圍的人，就能夠自在對話。

可是我們在陌生人面前就難以開口，這是因為對方是「社會」的人。

參與《發掘酷日本！COOL JAPAN》節目錄製的一名巴西人，有一天對我說了下面這段話：

「我覺得日本人真的很棒。發生東日本大震災時，人們都會互相幫忙；換作在我的國家，可能會出現超商搶劫頻傳、交通黑暗期等恐慌狀態吧。但是，日本卻沒有發生這樣的情況。真的很厲害。」

然而過了幾天，他以困惑的神情對我說：

「今天，我看到一名婦女拉著嬰兒車走上車站階梯，一邊喘氣，一邊拉嬰兒車。我實在不敢相信，換作在我的國家，一定會有人馬上去幫她拉嬰兒車。為什麼日本人不對這樣的女性伸出援手呢？日本人不是很棒嗎？」

為什麼不出手相助？或許各位知道理由了。

是出於冷漠嗎？不是。

對於許多來往的乘客而言，拉嬰兒車的婦女是屬於「社會」的人。可能因為她不屬於你「世俗」中的人，所以你不會幫她一把；不對，應該說是忽略了幫她一把。畢竟面對陌生人容易有隔閡，難以主動攀談。

如果婦女是你認識的人，你毫無疑問地一定會立刻上前協助她吧。

這跟冷漠無關。

而是我們通常只和與自己有關的「世俗」的人交流，對於與自己無關的「社會」的人，多半保持距離。

更正確來說，是不曉得建立關係的方法。

正在讀這本書的你，身邊是由「世俗」與「社會」兩道世界所構成。你平常生活在公司、學校、補習班、鄰里社區等團體所形成的「世俗」之中；也很難和路上、車站或商店裡遇到屬於「社會」的陌生人，有太深入的交談機會吧。

這也是多數人的情況。

拒絕人際空汙的思考練習③

我們重視「世俗」的關係，卻與「社會」保持距離。

這正是我們生活感到鬱悶的原因。

4「世俗」的起源

「世俗」的概念到底是怎麼出現的？

而與其截然相反的「社會」，又是如何生成的？

如果搞清楚這一點，就可以清楚理解到沿襲至今的文化習慣。

容我再重複一次，也能夠找出讓人們生活備感鬱悶的原因。

以下我將以日本歷史為例，大致說明「世俗」的形成。

接下來我不會談得太過艱澀，請儘管安心往下閱讀。就算一時難以理解也不要緊，真有無法明白的部分，不妨和身邊的朋友多討論吧。

日本人一直到江戶時代（一六〇三～一八六八），都生活在「世俗」的範圍裡。

也就是說，大家只生活在與自己有關的人群中。

最典型的是「村落」。

對於住在村落裡的人來說，每一個人之間都有關係。

村落這個小小的「世俗」空間，卻具有強大的存在感。

聽過「一神教」嗎？

如同字面所示，一神教是只信仰一位神明的宗教。基督教、伊斯蘭教都是一神教。這類宗教認為世上只有唯一的神，也只信仰這位神明。

基督教與伊斯蘭教都非常嚴格。

基督教有所謂「摩西十誡」，也就是上帝給予摩西的十項戒律。

十誡中有「不可殺人」、「不可偷盜」、「當孝敬父母」等戒律，不過其中第一條是「只能崇拜耶和華上帝」。

不能信仰我以外的神明。只要你信仰我，我就拯救你；假如你信仰其他神明，我就不會拯救你——大概是這樣的意涵。

一神教的神明並非無條件拯救世人。

只有信仰我的人可以得救，我只拯救信仰我的人，這是一神教的神明。

覺得驚訝嗎？一神教的規範可是相當嚴格的。

因此，一神教的神明會嚴格追究信徒是否信仰虔誠。

若以日本來說，日本據說有八百萬個神明，並非信仰唯一的神。

真要計算起來，八百萬或許太誇大，不過一如山裡有山神，海中有海神，神木也有樹神，處處皆神明。

每一位神明不會要求信眾只能信仰祂自己。眾神就算吵架，也不會逼迫信眾選擇自己成為唯一信仰的神。

日本人無論去寺廟或神社都會祈禱。新年去寺廟裡拜拜祈求好運，葬禮則採佛教形式舉辦，也有人在教堂舉行婚禮。

日本在宗教的態度上，往好的角度來說是心胸開闊，另一方面則可說很隨便。

這種態度被視為無特定宗教信仰。不過，日本早年也出現過類似基督教或伊斯蘭教這種嚴格的一神教「神尊」。

那就是「世俗」。

無論是村落、商家或武士的武家等群體，都是「世俗」，而且擁有非常強大的約束力。

為了讓各位更容易理解，我以「世俗」的代表案例「村落」來說明。

村落由眾人聚集而成。不，應該說人們如果不群聚成一個村落，就無法生存下去。

最大的原因來自田地的灌溉用水。

在日照強烈的夏天，假如有人擅自把水引到自己的水田，就會害別人的水田乾涸，導致水稻枯死。

這麼一來，不就要滅村了。

為了讓灌溉用水公平流遍所有人的稻田，全村必須嚴格調控灌溉用水。

如果全村的人不同心，村人也活不下去。

一旦在炎炎夏日期間，鄰村的人來搶奪灌溉用水，那麼兩村間勢必會爆發奪水大戰。

水資源匱乏時，就得設法從他處引來灌溉用水。這些都是以村為單位出發的思考與行動。

不加入眾人行動，只耕自己的田、只把水引到自己田地的人，就是刻意破壞村裡的規矩；這樣的人不配在村落裡生存。

日本曾經有過稱為「村八分」的私法制裁行為。

意指不遵守群體規則的人，會遭到村人施以「村八分」的待遇。

例如在火災與葬禮（即兩分）之外，村人一律無視遭制裁者有關的所有事物：不開口詢問，不納入交友範圍，更沒有生意上的往來。這是非常恐怖的懲罰方式，也可說是集體霸凌。

幫忙火災與葬禮，並非出自心軟。

而是發生火災而不幫忙滅火，全村都會因此而遭殃。

幫忙葬禮則是因為喪家若沒有確實埋葬屍體，屍體腐爛很可能引發傳染病擴散全村。

因此是不得已才幫忙滅火與葬禮，其中毫無任何溫暖或交誼的成分。

反過來說，只要遵守村裡的規定，村落就會保護所有村人。

這與一神教的情況完全相同。

只要相信神明，神明就會保護信眾；同樣地，遵守村落的規則，村落就會守護村人。

舉例來說，如果不巧在插秧季節生病而無法下田工作，村人都會前來幫忙。

收成時也一樣，如果剛好感冒身體虛弱，也有村人會來幫忙收割。

至於找不到結婚對象的年輕人，會成為全村的問題，大家會一起幫忙年輕人找到適當的結婚對象。

這種至為緊密的連結，就是「世俗」。

「世俗」幫你找結婚對象、吵架時幫忙出力、協調灌溉用水分配……方方面面守護每一名村人的生活。

這不只是為了個人，而是為了全村利益著想。

動員全村後找到了結婚對象，婚後生小孩，村落裡多了人力，日後也有助於全村的發展。

而找不到結婚對象的單身者，也會成為全村傷腦筋的對象。

總而言之，確實遵從規定的話，村落，也就是「世俗」會一直照看你。

這真的是最強大的守護神啊。

不只是村落，商人組成的商家、武士組成的武家等群體，也都是具有強大約束力的「世俗」。

這就是這個國家力量最強大的一神教。

一旦無所屬，就無法獨自生存。

舉例來說，日本的武士如果被所隸屬的「世俗」，即遭武家放逐，並於脫藩後成為浪人，最後通常會走上犯罪一途。

「世俗」自古以來與人們的生活緊密相連。

可是，現代已經幾乎很少聽到「世俗」的說法了。你讀到這裡是否會這樣想？

是的，如今擁有強大約束力量的「世俗」已經不存在了。這是為什麼呢？

當然是有理由的。

拒絕人際空汙的思考練習④

「世俗」曾經是讓人們得以生存的強大守護神。

5 意圖破壞「世俗」的人們

延續前面談到日本的例子。日本進入明治時代（一八六八～一九一二）之後，明治政府開始設法破壞「世俗」的結構。

此時，日本正從村落守護村人生活的時代，進入由國家守護國民的時代。如果村落、商家或武家的權力還是如往常一樣強大，國家就難以穩定。

聽過「富國強兵」這四個字嗎？

這是當年明治政府的治國方針，也就是國家經濟達到富足的程度，並且擁有實力強大的軍隊。

因此，明治政府推行「殖產興業」計畫。也就是發展各種產業，意圖透過經濟手段，把日本發展成近代國家。

於是擁有強大約束力的「世俗」，成了國家前進的絆腳石。

在此之前，人們只跟同村的人、也就是屬於同一「世俗」的人交流。

有聽過「旅途中鬧笑話也無所謂[1]」這句諺語嗎？

意思是離開平時生活的村落出外旅行時，由於路途中沒有熟識的人，也不打算定居，所以容易做出在自己家鄉覺得羞恥而不敢做的事。

對於江戶時代以前的人來說，只在乎熟人的看法。

進入明治時代之後，政府必須由一群陌生人組成運作。

無論學校、軍隊或工廠，都不是以村為單位組成，而是由脫離村落的陌生人所集結成的團體。

假如此時「世俗」仍舊持續強力運作，各成員也只和同村的人交流。一旦團體中不見熟識的人，所有人就都閉上嘴保持沉默。

這樣一來，可是要換政府傷腦筋了。

明治政府必須破壞村落的「世俗」。

政府也同時向人民灌輸「社會」的概念，企圖取代「世俗」的緊密關係。

於是明治政府這樣對人民說：

「未來將是『社會』的時代。『社會』由陌生人的交流與合作所建構。自家人組成的『世俗』已是落伍的觀念。在新時代，必須建立新的人際關係，也就是『社會』。從現在起，開始與不認識的陌生人對話吧。」

在未來的時代中，「社會」將成為生活的基礎，人們會與素昧平生、毫無交集的人並肩在工廠工作、組成軍隊、坐在教室中學習。

1 原文為「旅の恥はかき捨て」。

換作你是明治時代的人，聽到這種宣示之後，會怎麼想呢？

「這樣啊。未來是『社會』的時代啊。我知道了，以後我就積極跟陌生人說話吧。」你會這麼想嗎？

……不會吧。

「就算政府這麼說，我也不習慣跟陌生人交談。既然要工作，還是跟同村認識的人共事比較好吧。而且如果要從軍去前線打仗，跟完全不認識的人並肩作戰，一點也不踏實。可以的話，想跟認識的朋友一起努力；不認識的人，該怎麼互相信賴呢？」

這樣想比較合理吧？

沒錯，無論政府如何大聲疾呼，強調「社會」的重要，明治時代的日本人依舊謹守著傳統的「世俗」觀念。

當然，許多村落的孩子開始到同一所學校上學，不同村落的人前往同一間工廠工作，或受徵召到軍隊服役，緊密的「世俗」關係也逐漸瓦解。即便如此，「世俗」的思考與感受方式，還是持續至今。

拒絕人際空汙的思考練習⑤

進入現代國家之後，村落等群體的「世俗」關係逐漸瓦解。

然而，「世俗」依舊持續影響現代人在人際上的思考與行動。

6 根深柢固的「世俗」觀念

「社會」的觀念並未深入人心，而傳統的「世俗」觀念依舊根深柢固。

你聽過老一輩的人批評別人「不體面」嗎？

比起都會地區，住在鄉下的人，尤其是愈高齡者愈常掛在嘴邊。

例如未婚女性晚歸，或出門時打扮較花俏，就會遭人耳語「不體面」、「怎麼有臉見人」、「看別人會怎麼說」。

不遵守「世俗」的規定，「世俗」就不會保護你。因此在老一輩人眼中，無論如何都要遵守「世俗」的規定才行。

就像藝人爆出醜聞開記者會道歉時，總會說「給大家添麻煩了，我感到非常抱歉」。

直到現在，「世俗」的觀念還是根深柢固留在東方人的文化中。

說了這麼多，你或許會覺得這些「世俗」觀和自己並無太大關聯。自己與「世俗」之間的關聯有多強？有個簡單的方法可以測試出來。

請想像朋友對你說：「最近，你在外面的名聲不好喔。」

想必你會毫不遲疑地問：「是誰在說我的事？」

只見朋友皺著眉頭回答：「大家都這樣說啊。」

一聽之下，是否嚇了一大跳？

應該很少人聽了這句話之後還能毫不在意吧。

不過仔細想想，「大家都這樣說」的說法本身就很奇怪。

假設班上有三十五名學生，扣除你之外，其餘三十四人都說你壞話的機率並不高。

就算全班同學真的集結起來霸凌某同學，也並非所有人都會惡言相向。當中一定有人會保持沉默，只是假意跟隨大家的霸凌行為。

假設社團中二十名成員，你以外的十九個人都說你壞話的情況也很罕見。

抑或是補習班裡常互動的十名同學中，其他九人都說你壞話的情況也很難發生吧。

所以，「大家都這樣說」的說法很奇怪。

可是，當別人對自己說「大家都說你壞話」時，身體的腎上腺素會開始大量分泌，導致心跳加速。

這就是我們生活在「世俗」中的證據。

就算聽到「班上同學都這樣說」之後仍保持平靜，但換作是「常聚在一起的朋友都這樣說」，也可能會開始心跳加速。

以這個例子來說，「常聚在一起的朋友」、「交情好的夥伴」就是你的「世俗」範圍，而非班上同學。

彼此幫助、緊密相倚的團體就是「世俗」。

你的生活中也有「世俗」這樣的團體嗎？

你是否認為那樣的傳統觀念居然還在現代人心中根深柢固，而感到不可置信？

事實上，人類真的不容易改變。

以日本來說，以前人們習慣榻榻米。

但如今住在有榻榻米的房子的人已經不多了。

多數人家裡的客廳不再鋪榻榻米，而是木地板、地毯並搭配沙發。

不過你是否會長時間坐在沙發上，偶爾坐到地板去，再把身體靠在沙發上呢？

我認為這種舉動，可能就是過去直接坐在榻榻米的習慣尚未斷絕所致。

我問過許多人，明明生活中已經沒有榻榻米，但是比起坐在沙發，他們更習慣直接坐在地板上。

人類的身體與習慣是如此「念舊」。

想法也是一樣。

根深柢固的想法無論如何都很難動搖。

拒絕人際空汙的思考練習⑥

擔心被別人討厭、遭到排擠的念頭，正是我們仍然活在「世俗」中的證明。

7「世俗」崩壞中

雖說我們仍然生活在「世俗」中，但這並不代表傳統上「世俗」的強大約束力還存在。

現代人的「世俗」觀念已呈半殘狀態。

歷史上，「世俗」確實擁有強大的力量。

鄰里鄉野之間會互相借味噌、醬油甚至白米。

近親至交之間會彼此伸出援手。

然而都市形成之後，「世俗」這種概念率先就瓦解了。

都市大多由陌生人聚集而成，並不會形成由地域觀念而生的「世俗」。不過就算在都市，一旦在極度強調團結的公司工作，公司這個「世俗」也將隨之產生。

在校規嚴謹的學校或規矩多的宿舍中，也會產生「世俗」的力量。如果你常和某個熟悉的小團體相處，該團體對你也會形成具有強大約束力的「世俗」。

參加嚴格規範前輩及晚輩禮儀的社團，該社團也可以稱為「世俗」吧。比起都會區，愈往地方或偏鄉走，愈容易發現具強大約束力的「世俗」仍然存在。

例如日本一些中學還有剃光頭的校規，或是鄉鎮人口太少居民間彼此都熟識……在這些地方，「世俗」還健全存在著。

我出身於日本愛媛縣。我的故鄉直到現在每到清晨六點、晚上六點，公民會館設置的喇叭就會大聲播放音樂，向村民報時。

在現今的時代中，就算是鄉下，也有上大夜班的人吧。可是公民會館仍在清晨六點鐘準時大聲播放音樂。應該不少人一聽到音樂就醒來了。不過「世俗」不會停止播放音樂，「世俗」認為每個村人都要在清晨六點起床，放音樂是為了提醒大家準時上工。

當然，都市的獨居者若沒有隸屬任何團體，也許可以脫離「世俗」。或是從學生時代開始，就不屬於任何一個「世俗」。

然而進入職場之後，就算不是正職員工，如果打工場所要求員工具備如運動社團般團結一心的特質，或是人數不多卻須維繫緊密的人際關係，這時「世俗」就形成了。

至於如何區分，就如同我在前面詢問各位的問題：「有人告訴你這個團體的每個人都說你壞話，這時你心跳加速的程度有多高？」

如果是你沒那麼在乎的群組、談不上喜歡的團體、不在意的人，我想就算聽到「這些人說你壞話」，你應該也不太會放在心上吧。

若是如此，這些團體對你來說就不是「世俗」。你既沒必要遵守該團體的規則，也從沒打算遵守，甚至隨時拍拍屁股走人也無所謂吧。

反過來說，對於你重視的人、喜歡的團體，如果你隸屬其中，聽到那些話後絕對無法毫無感覺，而是感到心跳加速、全身發熱吧。

這些團體就是你的「世俗」。

生活在「世俗」之中，讓人感到安心，卻也會被各式各樣的規矩所束縛。

而對現代人來說，就算沒有活在「世俗」中，「世俗」的想法與感受也依然殘留在人們的記憶中。

即便是常獨來獨往的人，通常也會和比較熟悉的人說話，而不會對陌生人主動搭話。

這就是我們對於隸屬同一「世俗」的人備感親近，而看待「社會」的人感到疏遠的緣故。

拒絕人際空汙的思考練習⑦

試想你所待的團體之中，哪些是你的「世俗」？而那些團體當中存在哪些特質？你又因此遵循著哪些規則？

8 外國沒有「世俗」觀念

令人驚訝的，大多數國家沒有「世俗」的觀念，只有少數國家與地區才有程度不一的「世俗」觀。

歐美國家只有「社會」的概念。

也就是說，他們不會刻意區分熟人或陌生人。

搭電梯時，電梯裡的乘客大多會靜默不語，也絕對不和其他乘客有目光交集，同時默默盯著電梯門上方跳動的樓層數字。

我跟你都是如此。

因為彼此是不相干的人，是「社會」的人，所以無需對話；也可以說，我們對於在電梯中開口與別人交談感到棘手。

但是在歐美國家，一進電梯通常會以眼神或點頭致意，隨即聊起天來。他們是生活在「社會」的人，陌生人之間的交談也很理所當然。如果發現一堆人擠在電梯卻沉默不語，或是所有人都抬頭看樓層數字，反而會感到很驚訝吧。

在歐美國家，打開百貨公司或商店大門的人，一定會先往後看，確認身後是否有人跟上。若也有人要進門，他們會撐住大門，讓後面的人方便進入。後面的人也一樣，如果他身後也有人要進來，他們同樣會服務後面的人。因為是生活在「社會」的人，會意識到身旁的「社會」人。

然而在日本，很少看到做出這種舉動的人。

跟在身後進來的人是「社會」的人，忽視也無妨；當然，假如跟上來的是「世俗」的同伴，才需要撐住大門。

因為是相同「世俗」的人，這麼做是合理的。

在國外，會因為陌生人為自己開門的貼心行為而感動。

在英語系國家中，如果在電車或路上不小心撞到或碰到別人，人們會說「excuse me」；若是在法國，會說「pardon」，也就是「抱歉」的意思。

由於彼此住在互不認識的「社會」中，才要好好地表達歉意。

若非如此，衝突可能隨時爆發。

換成是我們生活的都會區，稍微碰肩踩腳，沒人會說什麼；同樣情況發生在地方鄉鎮，人們會考量對方是同一「世俗」的人，因而認真道歉。

外國人大多以為日本人「很有禮貌」，來旅行後看到這種反應，都感到非常驚訝。

你喜歡去國外旅行嗎？

去各式各樣的國家，欣賞不同的風景與民情，也能幫助你從相對的角度審視自己的國家、街道與文化。

所謂「相對」，意指了解自己的生活並非唯一或絕對。

知道自己的現況並不是唯一的正確解答，這樣的思考方式可以幫助我們脫離生活中的拘束感。

幾年前，有孩子發問：「為什麼要念書？」父母的回答引起Twitter上熱烈討論。

父母指著杯子對孩子說：「如果你念書，國語學科會讓你學到『這只透明杯裡盛裝了混濁的茶』；算術學科會讓你知道『200 ml的杯子只剩不到一半的茶』；社會學科會帶你看到『靜岡縣生產的茶裝在中國製的杯子裡』。像這樣擁有多樣性的觀點與價值，將會使你的心更自由。」

這回答真漂亮。

「多樣性的觀點或價值可以使你的心更自由」，指的正是**「以相對的角度思考」**。

我們一旦覺得痛苦，看事情的角度就會變得狹隘。很容易認定「只有這個解決方法」、「也只能這樣做了」、「已經走投無路了」。

像這種時候，如果擁有更多觀點，就能以各種角度思考與看待。

這就是**「讓心自由」**。

筆者在高中時代擔任學生會會長。當時競選會長的原因是，我想改變毫無意義的校規。

你曾就讀的學校也有不合理的校規嗎？

我的高中校規非常詳細，包括如何選擇襪子、頭髮長度、女生長襪的顏色、裙子長度等等。

我決定一當上學生會長，就要立即修改校規。

結果導師告訴我：「如果改變校規，學校會變得一團亂。校規最早就是經過多方思考所訂下來的最高指導原則。」

我正打算反駁，導師只丟下一句「我絕對不會讓你改校規」，就結束了談話。

於是，我開始調查縣內所有公立高中的校規。我就讀的是縣立高中，因此無法拿私立高中的資料來參考（就算私校的校規很寬鬆，老師們也會說「因為對方是私立學校，有他們的做法」）。

我的高中規定女生只能穿黑色長襪，禁止膚色長襪。我認為這種規定毫無道理，但導師只說：「這合情合理。」

調查結果發現，附近的高中准許女學生穿膚色長襪，卻禁止黑色長襪。

那所高中的學生會長告訴我，他們的導師曾說出「穿黑色長襪像性工作者」這種話。

我啞然失笑。如果「穿黑色長襪像性工作者」，那我們學校的女學生全都像性工作者囉？

我當下頓時覺得身心都輕鬆了起來。校規並不是絕對的規矩，連鄰近高中的校規都和我們截然相反，可見校規絕對不是唯一的正確解答。

知道不同文化之後，就能以相對的角度看待。

也會明白自己的狀況絕對不是「只能這樣」。

為了培養從不同角度看待「世俗」的能力，不妨多方了解其他國家的歷史與文化。

「你在哪裡認識對象？」

如果你問別人，答案不外乎「學校」、「公司」、「打工地點」、「朋友介紹」，都是自己熟悉的場所與人際關係，也就是「世俗」範圍。

換作是歐美國家，答案可能是「公園」、「車廂裡」、「銀行」、「餐廳」、「酒吧」等等會遇見陌生人的地方，也就是「社會」範圍。

與其說他們不在意和陌生人攀談、聊天，不如說他們認為這是理所當然的事。

每次去歐美國家的超市，店員都會看著我的雙眼打招呼，說「嗨」。

由於不習慣被別人注視，內心常會因此緊張地撲通撲通跳。

就算我是首次光顧的客人，店員也會看著我很自然地說「嗨」。

換作在日本，大多要成為熟客之後才會這樣打招呼。

即使是市場上的蔬果店或熟食店，客人與店員彼此熟稔後，就會形成「世俗」關係。

而在便利商店或超市，彼此都是不清楚對方背景的「社會」中的人。

因此一般來說，客人與店員不會有目光交集。而店員也多半照著員工手冊的規定，如自言自語般重複著「歡迎光臨，您好」等招呼語。

我們習慣了這樣的互動，所以在外國超市看到初次見面的店員熱情說嗨，反而不自覺緊張起來。

這也是我離開自己的國家之後，才體會到的經驗。

為什麼歐美國家沒有「世俗」的觀念呢？這與基督教這種一神教有著密切的關係，只是與本書的主旨無關，在此就不深入討論。

相較於不受「世俗」拘束的歐美國家，日本人腦海中所殘留根深柢固的「世俗」，至今仍深深影響著你我的生活。

拒絕人際空汙的思考練習⑧

知道自己的現況並非唯一的正確解答，這樣的思考方式可以幫助我們脫離生活中的拘束感。

9 拒絕他人請託感到痛苦的祕密

前面我們討論了「世俗」與「社會」的差異。

謝謝你努力看到這裡。

我想說的前提就到此為止。

一旦理解「世俗」與「社會」這兩個世界，接下來要解開讓生活備感鬱悶的祕密，就非常簡單了。

首先，了解到何謂「世俗」，你就會明白「拒絕他人請託感到痛苦」的真正原因。

我在前面提過，我們過去活在「世俗」的掌控下。在「世俗」中，人們互相熟識、關心，並為對方著想。

假設你住在村落，當村人通知你「幫隔壁鄰居插秧」，你會基於這是村裡重要的規則必須遵守，而且自己以後也可能會生病無法插秧，所以一定得幫隔壁鄰居插秧。

這也可以說，來自村裡的所有請託，到頭來都會成為自己的請託。就算你被其他村人要求「早睡早起」，這也不僅僅是單純的抱怨。「我們住在同一個『世俗』，你早起工作生活富足，全村也會富足，我也會富足。叨唸你是為了大家好，也是為你好，因為我們都住在同一個『世俗』裡」，就是這麼回事。

因此來自「世俗」的要求或請託，人們很清楚最後都是為了自己好。

但「社會」不同。「社會」的人只為了自己的方便要求或請託。因為不知道對方的情況，所以「社會」的人只說自己想說的話。這沒有好或不好，也並非「社會」的人冷漠或任性。

僅僅是因為與對方無關，不清楚對方的狀況，如此而已。「社會」的人只考量自己的情況，就算需要找「早上一起慢跑的人」，最多也就叮嚀對方「早點就寢，才能早點起床」。

我在前面也提過，人們對於「世俗」還殘留著深刻的記憶。接收到任何抱怨或請託時，會忍不住覺得這是來自「世俗」的要求。會覺得這是擔心我、為我著想，來自「世俗」的保護。

對於「世俗」的請託，怎麼能輕易拒絕呢？

即便感到為難，潛意識也會油然升起「很抱歉」、「不好意思」或「實在難以拒絕」等念頭。

這也使我們不容易拒絕別人的請託。

更何況如果對方確實隸屬同一個團體、工作場所或朋友圈，那就更感到歉疚了。

明明我們早已不住在傳統村落那種具強大約束力的「世俗」中，「世俗」的記憶卻持續殘留在我們的表意識及潛意識裡，並因此受到「對方是為了我著想，我不應該拒絕」這樣的想法所拘束。

外國人對於他人的請託能夠微笑拒絕，那是因為他們一直生活在「社會」的緣故。

生活在「社會」的人，非常清楚每個人都是為了自己而拜託他人，所以就算拒絕別人的請求，也不會感到為難。

由此可知，**你很難拒絕別人的請託，並不是因為你太軟弱。**

沒有必要自我責備「態度也太不堅定了」。
基本上我們的內心本來就有這樣的傾向。
明白了這一點之後，就找得到應對之道。

拒絕人際空汙的思考練習⑨

活在「世俗」的人，擔心一旦拒絕就會失去「世俗」的保護傘，而痛苦不已。
活在「社會」的人，知道每個人都是為了自己而請託，因此能微笑拒絕。

10 當他人請託時

假設有人拜託你做事，你內心覺得「真討厭，我才不想幫他」。

這時先不要急，先判斷對方屬於「世俗」還是「社會」的人。

所謂「世俗」的人，就是現在或將來與你有固定關係的人。

而「社會」的人則僅限這次接觸，與你的世界無關的人。

如果是來自後者的請託，就不用感到不好意思，請放心拒絕。

畢竟你跟對方不會再有互動的機會，請盡量說「NO」吧。沒問題的。

一般商店、餐廳或公司，即使面對態度不佳的客人，也就是所謂「奧客」，還是會耐心接待。

我曾在網路上看到一則令人叫好的報導。

一名店員打算向破口大罵的客人下跪，此時店長走了出來。店長是德國人。

店長對咆哮的客人說：「你的態度這麼過分，我也不用再把你當成客人了。我退錢給你，請你離開。再繼續罵下去，我要叫警察囉。」店長毫不畏懼地正面迎戰奧客。

客人和店員都感到很驚訝。

店員認為只要一直賠罪就好。

客人認為只要態度強硬，店家為了息事寧人，一定會奉上商品或金錢賠償。

然而，德國店長的態度卻是：「你不是客人。」

將奧客視為與自己無關的「社會」的人，同時拒絕對方消費。店員與客人只是收錢、提供服務的關係，如果不具備這層關係，「你跟我就是毫不相干的陌生人」，這是德國店長的思維。

我們不習慣與「社會」的人交流。

我們鮮少與「社會」的人，也就是現在或將來都沒有關係的人進行深入交流；頂多來自工作上的交流。

我們不會很快就跟陌生人進行深入的談話。

因此，一旦客人開口抱怨，我們就誤將應屬於「社會」的客人，視為同一「世俗」的人進行對話（事實上，提出客訴的只要不是熟識的常客，都屬於「社會」的人）。

而且，當我們認定對方是「世俗」的人，就會用心聽對方說話。

不過德國店長原本就沒有「世俗」的概念，並不認為無視奧客發言就是

「不對的」，或甚至感到「抱歉」。

如果對方是「社會」的人，當然沒問題。

但假設提出無理要求的人是「世俗」的人，情況會變得如何呢？

這種情況下，實在很難拒絕。不過，此時請試著判斷這個「世俗」是否跟過去的村落一樣，擁有強大的約束力。

過去的「世俗」如同一神教。

破壞「村落的規定」，幾乎等同無法生存下去。

回頭來看，你跟請託你做事的人所同屬的「世俗」，究竟具有多大的約束力量呢？

同事？同學？同一個團體的友人？

或許你認為是擁有強大約束力的「世俗」，可是比起古代的村落，根本還差得遠呢。

感到為難時，請鼓起勇氣拒絕對方。完全沒問題的。畢竟不是一神教，就算拒絕，也不會發生被神放棄而慘遭殺害的情況。

如前幾章提到的，「世俗」正在崩壞中。現代的「世俗」已不再具有那麼強大的約束力了。

你只是被「拒絕對方感到不好意思」這種想法所捆綁住而已。

然而，如果對方是像《哆啦A夢》中胖虎那樣會欺負弱小的人，或是團體中極度嚴格的前輩。

如此一來，也可說是具有強大約束力的「世俗」吧！搞不好比古代的村落還更嚴峻。

但是，這類型「世俗」的人提出的請託多嗎？

我認為大部分的請託應該都來自崩壞中「世俗」的人。

不過我知道，你對於拒絕對方還是會感到過意不去。

所以，請認清你內心裡的「世俗」記憶，就是折磨你的源頭。

那麼，如果對方真的像胖虎或嚴格的前輩，我們又該怎麼做？我在這本書後半部會教你完整的應對之道。

拒絕人際空汙的思考練習⑩

前來請託的是「世俗」的人，還是「社會」的人，請務必確實判斷。

就算是「世俗」的人，如果過於為難，也無需被「拒絕對方不好意思」這種念頭所束縛。

11 知己知彼

我一直在釐清，圍繞在我們生活周遭的「世俗」與「社會」的真面目。

之所以如此，是因為戰鬥時，最恐怖的情況就是看不清敵人的真面目。

「有敵人！完全不知道從哪裡來、有多少裝備！但是，有敵人！敵人攻擊了！」這種情況最教人害怕。

這就像恐怖片中，迷失在幽暗森林，而正是因為看不清幽靈的真面目才讓人驚悚。

換成是另一種情境：「有敵人！從空中來！有三十人！裝備跟美軍一

樣！」恐怖感相信會大幅降低。

因為至少你知道自己可以怎麼做。要起而對抗？還是逃走？怎麼應戰才有勝算？從哪個方向逃走才能脫身？

就算是幽靈，只要知道「祂是一百年前遭盜匪殺害的農民，對幸福的人懷有恨意。必殺技是詛咒。一旦被幽靈纏上，身體就會變差」等資訊，可怕的程度也會銳減。

同樣地，就算覺得「鬱悶」，如果不知道為什麼「鬱悶」，是什麼令我們「鬱悶」，而且對「鬱悶」的真面目一無所知，就無法真正解決「鬱悶」。

我認為**人們平常所感到的「鬱悶」，真面目就來自「世俗」**。

讀到這裡，有人或許會認同，也可能有人質疑「真的是這樣嗎？」

我之所以花費這麼長篇幅來說明「世俗」與「社會」的意義，正是因為要正面對抗「鬱悶」，深究「鬱悶」的真面目。如果各位能理解這一點，我就感到滿足了。

接下來，我要繼續向各位說明**「鬱悶」的真面目，以及對抗「鬱悶」的方法**。

拒絕人際空汙的思考練習⑪

找出讓你生活「鬱悶」的原因，才能真正解決它。

12 所謂「空氣」

「要會讀空氣！」這種說法流行過一段時間。

當時在電視的搞笑綜藝節目中，對於答非所問的新進藝人或是失言的藝人，都會被要求「要會讀空氣」。

哪些場合具有怎樣的「空氣」，要好好觀察一番後才開口呀！

各位喜歡看搞笑或綜藝節目嗎？

我們在觀看節目時，會明白節目的「氣氛」是由主持人所掌控。

通常搞笑節目的主持人都是大牌藝人。

例如塔摩利、北野武、明石家秋刀魚、鶴瓶、Down Town、NINETY-NINE、雨後敢死隊等日本知名藝人。

你應該沒看過哪個節目沒有主持人，或是由最資淺藝人擔任主持人的吧。

此外，參加節目的新進或中堅搞笑藝人都會根據主持人帶的風向，來改變說話內容。

「主持人需要哪一種笑料」，能確實讀出現場空氣的人就會常受邀上節目。

基本上不會有人參加Down Town的節目時，在主持人松本人志面前沒完沒了地談論北野武的電影吧[2]。

就算真有這種人，一定會被斥責「要會讀空氣！」，相信也不太可能有下一次受邀上節目的機會。

你有用過「空氣」這樣的說法嗎？

我的中學友人說，要說「讀空氣」，日語會說「KY」。但不是「K（戀愛）Y（預感）」，也不是「K（漢字）Y（解讀）」，而是「K（空氣）Y（無法解讀）」與「K（空氣）Y（解讀）」[3]。

一般來說，在多人談話的場合，大家應該都會去讀現場的「空氣」吧。或許不應該說「空氣」，而是「氛圍」、「心情」、「氣氛」、「情緒」和「感覺」等詞彙比較貼切。

你能夠分辨像是「空氣」、「氛圍」、「情緒」這些支配現場的感覺嗎？就算沒人明確下指令或提出主張，也會不知不覺形成某種約束的狀態。

舉例來說，與幾位朋友討論週日要去哪裡玩，現場的情緒逐漸往「遊樂

2 松本人志在搞笑演藝事業之外，也曾執導多部電影。
3 K與Y分別是括弧內詞彙的日語羅馬拼音的第一個字母。

園」的方向發展。雖然你想去「看電影」，現場討論遊樂園的氣氛卻非常熱烈，你一時間也說不出口——像這種時候。

又比方說，社團比賽成績不佳，檢討時逐漸把責任推到某一位團員身上。儘管你不認同，卻因為現場的氣氛十分嚴肅，無法幫該團員辯解——或像這種時候。

像這種時候，我希望你仔細觀察，團體中是否有像搞笑節目中一樣，有一位定位明確、一看就知道的大牌主持人？

假如有那樣的人物，你就知道誰是主導現場氣氛的人了。

例如前面提到的社團比賽檢討，社長責備團員A，那麼主導現場氣氛的人是社長。

回到與好友一起討論出遊地點的場合，不知不覺就發展到「遊樂園」的方向，導致你沒機會說出「看電影」的提議。這時，現場也有大咖主持人嗎？

明明只是一群好朋友聊天，應該沒有顯然是主導者的人物吧？你是否也曾遇過沒有明確的主導者或大人物，言談中卻逐漸形成某種氛圍，而且無法推翻。

這種難以言說的壓力，就稱為「空氣」。

不可思議的是，明明沒有主持人支配現場的「空氣」，現場還是會產生特定的「空氣」，而且這樣的氣氛一旦生成，就擁有強大的力量。

不知道由誰決定的「空氣」，卻在無形中成為難以撼動的決定。

我曾在居酒屋與一群大學生比鄰而坐。

那是在日本的四月，我推測應該是班級或大學社團的初次聚餐。他們正依序自我介紹。

當時有人說了一個很無聊的笑話，席間出現幾聲乾笑後，眾人頓時陷入沉默。可能是為了幫他打氣，有人大喊要他再說個笑話。

結果氣氛又更尷尬了。

另一人開玩笑說：「拜託，讀一下空氣好嗎！」

有些人笑了，但是笑聲結束，場面反而更加緊繃。

我饒富興味地旁觀著這些反應。

在初次聚餐的場合中，並沒有相當於大牌主持人的領導者。

這也意味著沒人知道現場該說什麼，也沒人知道有哪些人要來；更正確來說，沒人知道要開怎樣的話題，才適合這次聚餐的「空氣」。

換句話說，現場的「空氣」在當下還沒產生，也可以說還沒決定。

然而，此時卻被要求「拜託，讀一下空氣！」，表示所有人必須解讀尚未決定的「空氣」，這根本是被迫「挑戰不可能的任務」。

因此，在場眾人會緊張也是理所當然的。

我那時只覺得「讀空氣」這句話，實在是讓人討厭的說法啊。

不妨想像你剛進入社團參加的第一場聚會。

在那種場合，還沒有形成任何「空氣」。既沒有大牌主持人，基本上也還不曉得誰適合當領導者。

以搞笑節目來說，就是現場只有一群新進藝人而已。

這種情況下，根本不用「讀空氣」。

就算勉強去解讀，現場的「空氣」也可能突然改變。

假設某人進行了冗長的自我介紹，現場應該會出現不耐煩的氛圍吧。下一個自我介紹的人想必會覺得「我少說一點好了」，也可能是「我要不要也說長一點」。

假如第一人簡短地自我介紹，後面的人可能會覺得「我要多說一點」，也可能覺得「簡單也能過關，太好了」。

不管是哪一種情況，現場氣氛都會在轉瞬間改變。

而我們大多會順應著現場瞬間形成的「空氣」。

換作是大牌主持人可就另當別論。主持人會立刻決定「自我介紹太長了，請簡短介紹即可」，或是「自我介紹太短了，大家還是不太了解你，請多講一些吧」，像這樣掌控現場「空氣」。

一般在朋友圈或團體裡的談話，其實很少會出現大牌主持人。團體中存在一位凌駕他人的領導者，或是朋友圈中有老大或胖虎這類角色的情況並不常見。

大家通常會自然地以對等地位加入討論。

當然，如果有前輩在場的話，他可能會是現場的領導者；不過前輩多半不只一人參加，也很少會看到前輩彼此決定成為領導者（主管、社長或隊長這類角色在場的話，又是另當別論）。

如果現場確實有一位領導者，透過這個人的主導而產生「空氣」、「氛圍」、「情緒」，那我能明白這種氣氛擁有絕對的力量；可是，明明沒有領導者，團體間卻不自覺產生了「氣氛」、「氛圍」、「情緒」、「心情」，而且還具有影響力。

你是否也覺得這種情況很不可思議呢？

我在前面一直談論「世俗」的意義。

或許有些人還不太理解。

其實「世俗」已經崩解了。

「世俗」變成更無形的狀態，也就是任何場合都會出現的「空氣」。

抽象一點來說，是一種「流動」的狀態。**「世俗」這個堅不可摧的概念已**

經弱化，轉化成在日常及各種場合中，以各種形式呈現的「空氣」。

儘管約束的力道變弱，不過「空氣」一旦成形，就擁有強大的力量。

畢竟「空氣」的源頭正是來自於「世俗」。

就算我們沒聽過「世俗」，「世俗」也會透過現場的「氣氛」、「氛圍」、「心情」、「感覺」、「情緒」，在生活中與你相遇。

我是一名戲劇表演者，有時會舉辦表演工作坊。

三十人左右的學員齊聚一堂，圍成一圈坐下。

接著依序做自我介紹。

如果第一個人只說「姓名、年齡、出身地」，第二、第三個人也會以相同的模式自我介紹；結果所有人最後都只說了「姓名、年齡、出身地」。

我心想：「哎呀，實在不意外。」人們受到日常化的「世俗」，也就是

「空氣」所支配，寧可依循前人的模式只說「姓名、年齡、出身地」，就像被無形的命令操縱這麼做一樣。

然而，我在國外舉辦工作坊時，學員的自我介紹絕對不會發生這種情況。每個人都會主動且率性地說出自己的嗜好、個性或擅長的技能。

我在日本的工作坊，偶然也會有第六或第七位學員鼓起勇氣改說「姓名、喜歡的電影和食物」，而非跟從其他學員的「姓名、年齡、出身地」。這時現場的「空氣」突然間流動起來，接著「空氣」就改變了。

一旦下一位學員同樣選擇了自由發揮，「空氣」會再隨之改變。

一股無形的力量掌控團體，只要沒有主持人，「空氣」就不會固定不變。

「氣氛」、「氛圍」、「情緒」、「心情」所呈現出來的，其實就是「世俗」化為日常生活的各種情境。只要理解到「世俗」的特質，我們就得以辨識。

我想再談談「世俗」的真面目。

事實上，「世俗」有五道規則。
我帶各位繼續看下去。

拒絕人際空汙的思考練習⑫

「空氣」是可以改變的。
每個場合中形成的「空氣」，源於已經弱化的「世俗」。
這些「空氣」也和「世俗」一樣擁有強大的影響力。
只要辨識出來，就能改變「空氣」。

13「世俗」的規則 1 年長者的地位高

首要原則是，「**年長者的地位高**」。

在「世俗」的觀念中，年長者擁有一定的地位。

在日本或韓國也是如此，這是儒家思想衍生的觀念。

反過來說，歐美國家並不會在意「年長」與否。

你以前上英語課，學到brother與sister這兩個單字時，是否也有過這樣的疑問？

「She is my sister.」這句話在英語中乍看沒問題，中譯的話卻不知該翻譯成姊姊還是妹妹。

也就是說，當你去美國朋友家玩，即使朋友向你介紹家中的女性成員：「She is my sister.」，你也無從判斷對方是姊姊或妹妹。

即使如此，美國人也覺得無所謂。他們並不在意年齡。

覺得驚訝嗎？

對我們來說，姊姊還是妹妹？哥哥還是弟弟？這應該是很重要的事吧？

但是歐美國家不在意這一點。

需要特別指稱姊姊或妹妹的時候，就說「big sister」或「young sister」。

要是介紹兄弟姊妹時，通常就只說「brother」、「sister」。

不只是兄弟姊妹，大多數日本人也會在意對方的年紀是否比自己大。

因為言談間的用字遣詞都要依據年齡而改變。

若是相同年紀，就以平等的語氣說話；即使對方比自己多出一、兩歲，還是必須維持一定的禮儀。

對於年長者無條件的尊敬，這就是「世俗」的規則。

你覺得呢？這是很棒的規則嗎？

我的話完全無法理解。

我從國中開始，面對「雖然是前輩但無法尊敬的人」，根本不把對方當前輩看待；相對地，面對「值得尊敬的前輩」，我會非常敬重對方。

我曾經遭受「不值得尊敬的前輩」欺負，然而「值得尊敬的前輩」卻一直幫助我。

明明無法尊敬對方，卻要裝出一副尊敬的態度。我實在很討厭這樣。

不過仔細想想，只以年紀來決定人際交往的方式，其實很輕鬆。

這個人年紀比我大，他說的話要聽；這傢伙比我小，可以命令他做事。

這樣在思考應對上也省事許多吧。

可是，所謂人際關係一點也不單純。

有些人年紀比我小，卻值得尊敬；有些人比我年長，卻完全不值得敬重。

如果還在學校的社團中，或許對前輩只要說「是、是的」就好。

進入大學、社會之後，情況可就沒那麼簡單了。

例如大學同學中，有人是重考生，也就是「同年級但比自己年長的人」。

假如你是重考生，那麼你的同學就是「同年級但比自己年輕的人」。

商業人士來大學上課的話，則會發生「年紀大很多卻是同學」的情況。

進入社會工作，也會遇到「明明比自己年輕卻是主管」的人；當然也會遇到「比自己年長的部下」。

但人是無法光靠年齡判斷的。

以前人們屬於同一個村落、商家或武家，年齡就是一切。

你看過日本名導黑澤明的《七武士》嗎？故事背景是一個每逢收成時期，都慘遭強盜洗劫的村落。

由於村中年長者的地位崇高，困擾不已的村人前去尋求長老協助。長老為了對抗盜賊（流浪武士），於是提出了「請武士來幫忙」的建議。儘管是電影，卻表達出歷史上「由年長者做出重要判斷」的文化。

如今「世俗」的地位式微。人們不再憑藉「年長」來尋求明智的決定；當然也沒有所謂長老的存在。

這個年代，「年長者的地位高」的規則已經完全行不通了。建議各位盡早練習年齡以外的交際方式。

拒絕人際空汙的思考練習⑬

「年長者」不一定值得敬重；「年少者」也可能令人尊敬。

擺脫「年齡」迷思，在人際互動上做出正確的判斷。

14「世俗」的規則 2
「度過相同時光」很重要

這是「世俗」的第二項規則。

「你和我**度過相同時光**」，活在「世俗」中的人會這麼思考。

這到底是怎樣的想法呢？讓我向各位具體說明。

假設你上週六接受前輩或主管招待吃飯。

週一遇到對方時，你或許會再次致意：「上週謝謝您的招待。」

也就是再一次向對方表達感謝之意。

這是因為我們覺得與前輩或主管「**度過相同時光**」的緣故。

然而在歐美國家，對於你的再次感謝，對方反而會誤會：「嗯？你又提了一次感謝招待，是不是希望這個禮拜再讓我招待呢？」

打電話到某公司報上姓名之前，總機通常會先說「謝謝您平時的照顧」。就算你是首次打電話給這家公司，對方也會這麼說（尤其是規模較大的企業）。

這是因為對方認為，「您會打電話給敝公司，一定是知道並與敝公司時有往來的人」。

因為「度過相同時光」很重要。

日本人常說的「以後也請多多關照」，這句話無法翻譯成英語。

在日本人的眼中，這句話意味著「接下來也會度過相同時光，讓我們好好相處吧」。可是「接下來也會度過相同時光」這句話，很難用英語充分表達其內涵。

當然，專業的口譯會把這句話轉譯成「能與您一起工作真的很開心」、「希望能跟您建立良好的關係」等說法，讓歐美人士也能理解。不過，當中依舊存在難以完整體現的語感差異。

由於「度過相同時光」很重要，所以一起度過愈長時間的人，愈被視為親近的夥伴。

就算沒做什麼，光是在一起就有價值。

日本企業的加班時數，在世界上是數一數二的多。日本常見的「過勞死」一詞，其羅馬拼音甚至直接變成英文單字「Karoshi」。

而造成過勞死的最大原因是：「主管還沒離開大家都不能回家」、「公司所有員工一起度過同一段時間很重要」的員工意識。

無論工作與否，與同事共處，並且一直待在公司這件事很重要。

這就是過勞死的員工意識。

你是否有過這樣的經驗？

在學校社團或公司舉辦的員工活動中，愈是花費長時間參與活動，就愈容易獲得周遭的好評價。

成績或能力好的人當然會獲得讚賞。不過，不是只有成績，你有多常參與活動、能否與大家一起度過活動時間，這些是否也成為你獲得好評的因素呢？

透過長時間相處，來證明彼此同樣生活在一個實力強大的「世俗」中。

相反地，在公司或學校社團等團體集體行動時，只有自己說「我要回去了」，沒有留在團體中，就會被排除在「世俗」之外。

活在不同時間的人，就不是同一「世俗」的人。

日本社會常見的「親子自殺」[4]，就是一種極端的例子。正因為這些父母認為，「自己的孩子是跟自己度過相同時光」的人，才導致了人倫悲劇。

站在歐美國家的立場，殺害孩子的母親只是單純的殺人犯；而在日本，卻將這類案件視為「母親擔心孩子無法在社會上生存所導致的結果」。

如果孩子幸運地活下來，大眾媒體會報導「留下了孩子」。也就是寧可稱「孩子倖存」，也不說「孩子獲救」。

4 日語為「親子心中」，指父母與子女結伴自殺的現象。

這就是基於「父母與孩子活在相同的時間，而孩子被留下來了」的想法。

我曾前往英國留學一年。每到傍晚六點，酒吧與英國的居酒屋就會擠滿穿西裝的上班族。大家輕鬆喝著啤酒度過下班時刻。

我看到那景象很驚訝。

才六點就在喝啤酒，或許你會以為英國的上班族工作很輕鬆吧？事實上當時英國的經濟狀況很好。

回頭來看日本，上班族加班到每天趕末班車回家，經濟依舊沒有復甦的跡象。

只是為了度過相同時間而度過相同時間，一點意義也沒有。

最近，拒絕主管邀約喝酒的年輕員工變多了。

愈來愈多人認為，既然在公司都拚命工作了，想好好珍惜下班後的私人時間。

我認為這是非常好的現象。

或許你也會遇到，主管或前輩在下班後邀你喝酒聚餐。

如果你覺得「真困擾」、「我不想去」，請鼓起勇氣說「我要回家」。

我相信會這麼說的人應該愈來愈多了。

畢竟現在已經不是用「一起度過相同時間」，來證明彼此是夥伴的時代了。

事實上，如果只能用「一起度過相同時間」來確認彼此是夥伴，實在很可悲。

我是戲劇表演者。我們在上舞臺前要花上一個半月左右來練習，公演過程約一至兩個月，到了公演最後一天通常會舉行「慶功宴」。

這是為了將大家一起度過的時間劃下句點。

不只是戲劇，公司的重要活動，或是學校文化祭及體育祭結束後，也都會舉辦慶功宴吧。

我在英國有過兩次演出。我將自己寫的腳本翻譯成英文，並由英國演員演出。

令我驚訝的是，公演最後一天並沒有所謂「慶功宴」的活動。明明大家在一起練習了一個月，接著一個月公演，可是最後一天表演結束，卻直接解散了。

在沒有「世俗」觀念的歐美國家，並沒有彼此「度過相同時光」的概念，因此也不需要透過慶功宴的形式來劃下句點。

頂多是想喝酒的人相約去喝一杯。於是我在公演最後一天，等到表演結束後與演員一起去喝酒。

有人去喝一杯，也有人直接回家。沒有壓力。沒人會責備回家的人。也可以說，因為沒有「世俗」的觀念，並不覺得有必要一起度過相同時間。

換作在日本，假使你是籃球社成員，在大賽晉升到第三輪時意外落敗，通常都要舉辦「殘念會」（作為告別），所有成員一起聚餐聊天。

歐美國家則完全沒有這類聚會，想聚餐的人再呼朋引伴去吃飯聊天就好。

參加我的戲劇演出的都是非常優秀的英國演員，即使沒有慶功宴或殘念會，也不代表彼此就不是好夥伴。

拒絕人際空汙的思考練習⑭

好夥伴，不需要用「度過相同時光」來證明。

15「世俗」的規則 3 重視送禮

「世俗」的第三項規則是「**重視送禮**」。

日本人會透過送禮，來確認彼此是否屬於同一個「世俗」範圍。

你受邀參加朋友舉辦的派對時，父母是否會提醒你帶伴手禮過去呢？

你是否曾被提醒不能雙手空空去拜訪別人？

有些人移民海外後，會把國內的習慣帶到國外，送新鄰居小禮物當作見面禮。傳統上會送毛巾與肥皂。

然而這在外國人眼中，是無法理解的行為。

你可能會被誤會「在毛巾工廠上班？」或是「打算推銷肥皂吧？」向新鄰居打招呼還特地送禮，這種行為令外國人匪夷所思。

我們在國外受邀去朋友家時，也習慣帶些東西免得失禮。卻常因此讓朋友很驚訝。他們並沒有帶伴手禮的習慣。如果是車站前賣的便宜草莓、自釀酒或自己烘焙的甜點，帶過去當然無妨。但是他們並沒有「不帶伴手禮會失禮」的文化。

我們的習慣是，收下禮物就要回禮，否則會被視為不懂禮數。無論是結婚典禮上的賀禮、告別式的奠儀等等，都須回禮才合乎禮儀。中元節和年終送禮也一樣。

如果你還是學生，我描述的可能是你還不熟悉的世界，不過或許未來你也將被捲入「送禮的螺旋」之中。

一旦彼此都捲入其中，你就知道「啊，我們活在同一個『世俗』啊」。我對於這樣的世俗規則並不以為然。事實上，只以「物品來確認關係」這件事，讓人與人的關係變得廉價許多。

所幸現在也愈來愈多人這麼想了。相信未來的職場與人際互動上，年終或中元贈禮也將愈來愈少了吧。

拒絕人際空汙的思考練習⑮

坦率地送禮，但不盼望回禮；

坦率地收下禮物，但不勉強自己回禮。

感謝與情誼存在於彼此的心中，而不在禮物中。

16「世俗」的規則 4

排擠同伴

「世俗」的第四項規則是「**排擠同伴**」。

「世俗」為了整合成團結的群體，具有「排擠同伴」的特質。

關於這一點，不知道各位能理解嗎？

以前的村落需要許多人團結成一個群體，這是因為有鄰村存在的緣故。

「世俗」會意識到自己以外的他人的存在，為此需要強化群體的凝聚力。

例如同伴間才理解的說法、暗示或行動等等，這都是「世俗」的特徵。

別人不知道，也不讓別人知道，這樣的規則強而有力地將同一「世俗」

的人們繫在一起。

不僅僅意識鄰村的存在，也在村中「排擠同伴」以強化全村的團結。

霸凌，全世界都有。

但你是否知道只有日本才有的霸凌形式？

以學校來說就是全班集結起來，選出一個倒楣鬼，澈底忽視那人的存在以達到霸凌目的。這是非常具日本風格的霸凌方式。

世界各地的霸凌中，有霸凌者、被霸凌者，有觀看的人、阻止的人，有覺得有趣的人，也有視而不見的人，這是不同人們面對霸凌的態度。

然而唯有日本的霸凌，是全部的人團結起來針對同一人。

這類型的霸凌，經常會發生不同人輪流遭霸凌的情況。

而且一旦庇護被霸凌者，自己就會成為下一個被霸凌的對象。

這就是班級或團體為了成為「世俗」，團結成群體的狀態。

而「世俗」會透過對外或對內的「排擠」，來強化群體的力量。

在學校的社團活動中，為了凝聚團員的向心力，經常讓團員意識他校的勁敵社團。若是如此倒還好。但如果是為了凝聚內部共識，而從其中選出一名犧牲者並加以攻擊，霸凌就開始了。

因此，如果你身邊有前輩或朋友開始對某人頻繁展開攻擊，請務必看穿「這是他為了凝聚團體的向心力，才找上那傢伙當犧牲品吧」的企圖。

如果能做到這點，就有能力回應「那傢伙其實沒那麼糟吧」。

霸凌者的計畫有可能因為你這一句話，而被全盤破壞。

我將在接下來的內容中，向各位更詳細說明對抗「世俗」的方法。

拒絕人際空汙的思考練習⑯

看穿霸凌者的企圖，同時不成為「附和者」。

17「世俗」的規則 5 神祕感

「世俗」的最後一項規則是**「神祕感」**。

「世俗」是神祕且超越常理所能解釋的概念。

例如在各種活動中，是否常聽前輩說出「我們以前都這麼做」、「以前傳下來的」、「不知道為什麼，反正就是這麼回事」這種話？

這就是「世俗」給人的神祕感。

而且是只適用在這個「世俗」的方法。

但如果仔細思考，會發現所謂「我們以前都這麼做」，盡是一些不合理、效率低下，或需耗費更多時間精力完成的行動。

即便如此，由於「以前都這麼做」，大家也就蕭規曹隨了。

而多數無意義的慣例、校規，就屬於這一類。

以校規來說，為什麼校規可以決定長襪或短襪的顏色，甚至內衣的顏色，還信誓旦旦表示如此可避免不良行為發生？這真的是能幫助學生的校規嗎？

只因為以前都這麼做，現在就要照做。

你也可以說「世俗」根本不合理。

當然也許原因來自好的回憶，例如「以前常跟朋友去那家店，留下許多美好的回憶。雖然現在有更便宜好吃的店，但大家還是寧可去那家店。」

不過，這自然也會讓後來加入該團體的人產生疑惑：「為什麼明明有其他更便宜好吃的店，卻一定要來這裡呢？」

古老的慣例或祭典的步驟、儀式，充斥著這樣的神祕感。

有時候是為了加強「世俗」的團結，不知不覺間演變成某種情況。有時候則是「世俗」強力聚集的結果。

當你還在念小學一年級時，是否曾疑惑大家為什麼都要背書包呢？

我想一定有人會說：「我也不喜歡背書包。」

可是所有人都背書包。你身邊是否也有抗拒書包的朋友呢？

我認識的人當中，有人不背書包上完了小學六年的課程；也有人抗拒背書包去學校，隨即遭校長告誡「這樣會破壞規矩，你要背書包」。

「破壞規矩」是典型的「世俗」語言。

都會區等「世俗」約束力較弱的地方，學生可以不背書包，改以手提袋或好看的背包充當書包。

在鄉鎮等「世俗」約束力較強的地方，如果不背書包，就可能必須承受來自外界的各種壓力。

或許你無法想像這樣的畫面。不過，日本的大學生升上四年級，開始參加各種求職活動時，所有人都會乖乖穿上黑色的套裝。

這也是日本人腦中還殘留著強大「世俗」觀念的證明。年輕人認為若不穿黑色套裝去面試，就不會被錄用（實際情況不得而知，事實上有些公司會說「不用那麼一致也無妨」）。

無論是書包或黑色套裝，為什麼全體小一新生都一定要背上不可？為什麼到了大學四年級非穿上不可？理由不得而知，真是神祕啊。

拒絕人際空汙的思考練習⑰

當你聽到「別破壞規矩」，請意識到這正是不合理的「世俗」語言。

18「世俗」很難改變

我在前面幾篇說明了「世俗」的五大規則。
儘管「世俗」很難改變，但其實「世俗」正「一點一滴逐漸改變」。

我希望「世俗」可以有更多的改變。
「世俗」最令人感到棘手的是，如果人們毫無作為，它就不會發生變化。
這是有原因的。

為什麼「世俗」會如此難以撼動呢？

所謂「世俗」是你出生時就存在，也將一直持續下去的事物。

實在很神祕對吧？

「世俗」既不是由誰強迫執行，或由誰下令而成。

「世俗」是自然產生的。

長久以來，我們以農立家，在田裡流汗。

在溫暖多雨、搖曳稻穗的土地上，稻作普及全國。

另一方面，希臘作為西方文明的發源地，並沒有太多適合務農的土地，

因此以狩獵與採集為主。

你聽過農業社會與狩獵採集社會嗎？

農業社會為群體生活，稻作若不靠團體的力量就無法完成。

人際關係基本上是團體生活。

傳統的村落也是如此，這正是「世俗」的起源。

至於狩獵採集社會則是一人或數人共同生活。從追捕野馬、野牛或野豬，到擊斃、解體等作業，一個人就能獨立完成。

這種生活型態也衍生出西方的個人主義。生存的基本單位是個人，而非團體。

在亞洲，人們分工合作進行農耕，一起在廣大的田裡插秧、割稻，把團體的思考視為自己的思考。

如此看來，亞洲各地形成「世俗」觀念並不奇怪。不過，為什麼中國或菲律賓等亞洲國家的「世俗」觀念不像日本強烈？

這當然是有原因的。

中國雖然是漢民族組成的國家，卻屢次遭外族入侵，入侵者是以前的蒙古與土耳其人。

遭到不同語言、文字的外族所統治，這樣的歷史脈絡讓「世俗」難以在中國持續生根。

儘管中國歷史悠遠，但是由漢民族控制全中國的王朝僅僅四個；其他都是不同民族統治下的王朝。

相較之下，日本則從未遭受外族統治，都是由相同語言、民族的人所統治。

在這當中，就算王朝易主，「世俗」還是流傳下來。新的王朝沒有必要消滅村落，村民也跟以前一樣，遵從村落的要求持續耕作。

對村民來說，村落這個「世俗」依舊持續運作下去。

聽過「元寇」嗎？這是在鎌倉時代，中國元朝兩度攻打日本的歷史事件。

假如那時日本戰敗，被元朝統治，或許「世俗」的觀念將就此消失。不同的民族會帶來不同文化，同時，否定現有的文化。

中國歷史不斷重複這樣的過程。

生存在侵略者說著自己聽不懂的語言的世界，人們心生疑惑、恐懼時，會出現這些想法：「不曉得接下來會發生什麼事」、「得確認目前局勢如何」、「現在可不是隨波逐流的時候」。

然而，日本從未被外族侵略過。

取而代之的是地震、豪雨、海嘯或乾旱等天災侵襲。

面臨天災時，日本人會說：

「這也是沒辦法的事。」

就算對地震生氣、抱怨乾旱，也是「沒辦法」的事。所以日本人對於辛勞與磨難，大多以「沒辦法」的消極態度就此接受。

假如當時元朝打了勝仗，統治全日本，日本人絕對不會說「沒辦法」吧。

而是悲憤地想著：「你們看著好了，我們一定會再打贏你們，把你們趕出日本。」

中國的漢民族就是不斷這麼想，也這麼戰。

遭到如此境遇的民族不會說出「沒辦法」的話，因為他們所面對的災難並非一句「沒辦法」就能解決。

英語中也幾乎沒有「沒辦法」的說法。

語感最接近的是「It can't be helped.」，但我沒聽過美國或英國人這麼說。

畢竟這種說法散發出濃濃的「魯蛇」（Loser）氣味。

另一個接近的說法是「We have no choice.」，不過是出自正面意涵。例如「我們已經盡最大的努力了，最後還是沒辦法挽回」；這跟日本人兩手一攤說「這也是沒辦法的事啊」的態度完全不同。

日本人是很常說出「沒辦法」的民族。

你也是如此嗎？

發生狀況時，你是否也會脫口說出「沒辦法」？若是如此，與其說是性格使然，不如說那和自己看待事情的習慣與態度有關。

「沒辦法」，接受眼前的現實吧。這就是日本人一直以來的思考模式。

讀到這裡，你應該知道為什麼「世俗」這麼難以改變了吧？

日本的「世俗」觀念持續到明治年間，在此前可說從未遭到破壞，擁有強大的力量。

假如日本曾經遭受外族統治，一次也好，我想「世俗」觀念會有相當大的變化，甚至可能影響力驟減或消失，

但「世俗」從未消失。持續下去的話，就會對人們擁有強大的約束力。

我在〈拒絕他人請託感到痛苦的祕密〉一章中提過，人們到頭來會發現，「世俗」其實是為了自己而存在，所以不會想勉強改變或廢棄「世俗」。因此，無論面對多荒謬的事，「從眾」仍然是人們行為上的一大特徵。接受目前的狀態，不抱怨、順從就好。只要不是太過分的情況，就順從已決定的事情。

我想起以前去埃及旅行時發生的事。當地導遊帶我們參觀金字塔，走到半路時卻突然轉去禮品店。我並沒打算購買紀念品，正要走出店家時，卻發現大門竟然上了鎖。我驚訝地詢問導遊，導遊卻漫不在乎地說：「一人一樣，請至少買個東西。」幾位日本旅客感到很困擾，也提出抗議，卻還是不自覺開始選起了便宜的紀念品。理由是不擅長用英文抗議，而且導遊也展現出一副理所當然的態度。

這時旅行團中一位美國團員發出強烈抗議：「我不打算買任何東西，你把門打開！你認為這樣的行為是能夠被允許的嗎？」

起初導遊還輕浮地笑著不打算理會，最後還是因美國人嚴正抗議而屈服，終於把門打開。我們一行日本人也順利離開商店。

看到美國人強烈抗議的態度，我心想：「日本人能夠像他這樣提出自己的主張嗎？」

為了改變錯誤的「社會」，美國人會堅持己見挺身對抗。

日本人則可能會說，哎呀，真是豈有此理，但也是「沒辦法的事」。

採取的正是「從眾」的態度。

外國人進入日本餐廳，看到「主廚推薦料理」時都會感到很驚訝。

對於日本人來說，因為相信餐廳老闆或店長，才願意接受「主廚推薦」。在日本料理中，尤其是壽司最流行主廚推薦吧。

換作是外國人點餐，並不會接受別人的推薦。若是交給別人決定，萬一端出來的餐點不合自己的口味，也無法抱怨。

但是，日本人通常會接受主廚推薦料理。我們已經習慣了。美味的話當然很棒。不過有時也會發生菜色不如預期的情況。必須確實檢視，以自己的眼睛判斷才行。

我們透過媒體，看到世界各地的遊行示威活動。世界上的人們對於各種不平等的情況，並不會抱持隨波逐流的從眾心態，而會起身反對。例如抗議貧富差距、反對汽車燃料稅增稅、反對接受海外移民、反對總統的政策等各式各樣的示威活動。

為了讓「社會」更接近自己的理想狀態而戰鬥。

然而在日本這個國家，幾乎沒看過遊行示威活動。

就算「世俗」或「社會」不如預期，我想大多數日本人也不會想要改變「世俗」或「社會」。因為人們認為這跟天災一樣，都是「沒辦法的事」。

日本人會說「沒辦法喔」、「實在無可奈何」……慢慢等待情況過去，或是設法忍耐。

說起來實在很遺憾，把自己生存的「世俗」或「社會」改變得更好，這是我們的權利，同時也是義務。

在不使用暴力手段的前提下，我認為我們必須像世界許多國家一樣，**不依賴「世俗」或「社會」，而是為了讓「世俗」或「社會」更好，起身奮戰。**

拒絕人際空汙的思考練習⑱

不從眾，以自己的眼睛與思考判斷如何行動，所有的事都「有辦法」改變。

19 對抗「世俗」五大規則的方法

再和各位一起複習「世俗」的五大規則：

- ✓年長者的地位高
- ✓「度過相同時光」很重要
- ✓重視送禮
- ✓排擠同伴
- ✓神祕感

只要生存在這個社會上，這五種影響力強弱不一的「世俗」，都會試圖控制你。小時候是書包，長大了是黑色套裝，再來是社會上更多難以動搖的「規矩」。

無論要與「世俗」順利共處或起身對抗，認清「世俗」這五大規則是必備的功課。

讓我再重複一次〈前言〉這段話：

為什麼拒絕別人的請託這麼困難？

為什麼會這麼在意旁人的眼光？

為什麼一定要順從前輩？

為什麼總是得配合大家？

為什麼要一直在意LINE和電子郵件？

為什麼總會被周遭不知不覺間形成的「空氣」影響？

讀到這裡，我們已經明白了「世俗」與「社會」的差異，相信你應該也大致了解箇中原因了。

首先，**為什麼拒絕別人的請託這麼困難？**

因為你我都被「世俗」的想像所掌控，認為「對方是為我好才這麼說」。

其次，**為什麼會這麼在意旁人的眼光？**

這就是「世俗」的真實樣貌。

只要你生活在「世俗」中，就會在意旁人的眼光。但是，我們必須確實區分到底在意的是「世俗」本身？或只是受「世俗」的記憶所左右。

所謂受「世俗」的記憶左右，意思是其實周遭並沒有那麼強大的「世俗」在約束自己，只有自己這麼覺得。

例如現代人很愛拍照，偶爾會在團體照中發現有人擺出極度自我意識的神情，認為大家都會看向自己。

但這不過是自我幻想而已。人們其實只在意自己；就像那些自我意識過強的人一樣，誤以為別人會同時把目光焦點放在他們身上。

面對「世俗」也會發生同樣的情況，於是產生了強大的「世俗」力量正在盯著自己的錯覺。

第三，**為什麼一定要順從前輩？**

這也是典型的「世俗」規則。我在前面已向各位介紹了與胖虎或嚴格前輩以外的人際交往方式。

第四，**為什麼總是得配合大家？**

這點與「**為什麼會這麼在意旁人的眼光？**」一樣。

如果你認定身處的「世俗」有強大的約束力，你就會逼自己「一定要配合別人」。

可是，你身邊「世俗」的力量真的有那麼強大嗎？

判斷的方法之一，就是〈根深柢固的「世俗」觀念〉一章中所提到的，當你聽到「大家都說你壞話」時，當下會有怎樣的情緒反應。

不妨問問自己，「假如與周遭的人不合，就像江戶時代的村落中遭到其他人無視的村民，自己是否會因此死掉？」或是「與周遭的人不合，雖然不是村八分，卻是『公司八分』、『班級八分』、『團隊八分』……我會因此而死掉嗎？」

前面提過「村八分」現象中對特定人的澈底無視；如果發生「公司八分」或「團隊八分」，就已經算是殘酷的霸凌了。

因此，「與周遭的人不合，團隊中所有人都不跟自己說話」這件事，我想發生的機率應該很低。

如果確實發生這種情況，我在後面會進一步說明因應之道。

第五，**為什麼要一直在意LINE和電子郵件？**

這很明顯吧。因為你認定「世俗」很強大，為了避免被踢出團體、被眾人排擠，只好埋首回覆。

可是，真的有強大的「世俗」存在嗎？

是不是只有你眼中有強大的「世俗」，才拚命回覆呢？

會不會是你誤讀了「空氣」，認為自己不回LINE或電子郵件就完蛋了呢？

第六，**為什麼總會被周遭不知不覺間形成的「空氣」影響？**

所謂「空氣」，就是「世俗」的日常化。

在「世俗」的五大規則中，如果缺少了其中一項，現場就會有某種「空氣」形成。

以下我用〈所謂「空氣」〉中的案例來說明吧。

你跟朋友討論週日去哪裡玩，現場的情緒逐漸趨向「遊樂園」。你雖然想「看電影」，卻因為現場去遊樂園的氣氛很熱烈，所以說不出口。

你有看出來當中缺少了「世俗」五大規則中的哪一項嗎？

如果是交情好的朋友，可能常會一起行動，所以應該有「度過相同時光」，也有請客、被請客的「送禮」關係吧。

如果是一群朋友形成的小團體，應該有可能把誰納入、或把誰踢出，最後造成「排擠同伴」的結果。這並不是霸凌，而是跟誰聚在一起、或沒跟誰聚在一起自然而然的結果。

此外，當這個小團體持續交往，朋友之間會形成神祕的約束力量。例如常去一些娛樂場所，甚至連出遊踩點的順序也都固定下來。

至此，哪一項規則還沒出現？

沒錯，就是「年長者的地位高」。

與朋友說話時，年紀大多相當，因此團體中少了有力的領導者。

所以「空氣」有可能會突然改變。

假如當中有一位前輩，那麼多數人應該會聽從前輩的建議吧。前輩說「遊樂園！」，也許就這樣拍板了。

然而，沒有年長者。所以「空氣」不是絕對的，而是可以改變的。

即便如此，如果五項「世俗」規則已具備了四項，也可能在不知不覺間形成無法逆轉的氛圍。

要想對抗「空氣」，就要採取「**國王的新衣**」戰術。

你應該聽過安徒生童話中《國王的新衣》這一則故事。國王穿著「傻瓜才看不到」的新衣，孩童卻對國王大喊：「國王沒有穿衣服！」

人們內心雖然都想著「國王怎麼光溜溜的？」卻礙於「傻瓜才看不到國王的新衣，假如我說我看不到，那我不就被視為傻瓜」這樣的「空氣」，因此說不出口，甚至還附和奉承。

改變「空氣」，只需要孩童的一句話。

如果喊出「國王沒有穿衣服！」，現場的「空氣」就會急速轉變。

回到與朋友討論週日去哪裡玩，現場的「空氣」看起來已經決定「遊樂園」了，此時你可以突然問大家「大家一定要去『遊樂園』嗎？」

聽到「一定」，大家多半會開始猶豫，「沒有啊，也不是一定要去」。

你不妨試著提議：「既然不是一定要去，我可以提其他的意見嗎？」

「國王的新衣」戰術，把即將定案的「空氣」再一次明確提出來討論。

這時大家才會下定決心說出內心真正的意見。

我在前面提到工作坊的學員，自我介紹時只說「姓名、年齡、出身地」。

這種時候我會直接問大家：「為什麼自我介紹的內容只有『姓名、年齡、出身地』呢，我有這樣規定大家嗎？」

可想而知，大家一定都會搖頭，接著有人就會改口說「我聊聊我喜歡的電影吧」。

這樣就可以輕鬆地改變「空氣」。

不過，這或許也是「空氣」的可怕之處。「空氣」可以輕易改變，因此也教人難以安心。

不過，「世俗」不會改變。年長者不會轉瞬間變回年輕人，人們也一直度過相同的時光。

因此，鬱悶感也是一樣的。

「世俗」不會突然折磨你。

但「空氣」不同。

輪流遭受霸凌的對象，也會因「空氣」而改變。

此時，首先要確認幕後是否有強大的主導者。

若沒有強大的主導者（多半是「年長者」），「空氣」是可以輕易改變的。

如果你發現現場被「空氣」所掌控了，務必使用「國王的新衣」戰術。

太平洋戰爭時期，日本國內展開所謂竹矛訓練。

或許你難以置信。二戰時，美軍的大型戰機會飛來日本領空攻擊，於是日本政府要求國民砍竹子製作竹矛，進行戰鬥訓練。

當然不是真的帶竹矛上戰場。強迫受訓的並非軍人，而是一般人民。各地的國民，不論長幼，每個人拿起竹矛用力刺向空中。如果不用力吶喊、揮刺，就會被指導的軍官怒斥。

接受訓練的都是成年人，難免心中會咒罵：「實在愚蠢至極。這種東西怎麼可能擊落戰機。別說是打下飛機了，萬一美軍戰機轟炸，大家都完蛋了。」但在高壓管理之下，這些抱怨根本說不出口。

不僅會被罵，還可能遭逮捕下獄。

不過，當時有人卻認為，「苦惱啊，竹矛根本刺不到美國的戰機。真是苦惱啊」，於是放棄訓練。

這些人表示自己苦惱於手中的竹矛刺不到戰機，而感到悲傷不已。

像這種情況，連監督訓練的軍人也無法加以苛責。

因為苦惱、悲傷，才做不到大聲吶喊或將竹矛刺向空中。

這些人內心儘管認為「我才不想參加這種愚蠢至極的訓練」，卻成功地把這些想法轉變成「苦惱」。

這就是精采的「國王的新衣」戰術。

「苦惱」這個新想法改變了現場的「空氣」。
「空氣」會逐漸聚集能量，但只要缺少強大的領導者，就無需擔心。
因為「空氣」是可以改變的。

拒絕人際空汙的思考練習⑲

懂得運用「國王的新衣」戰術，成功改變你身邊的「空氣」。

20 對抗強大「世俗」的方法

假如現場有強大的領導者，又該怎麼做？

這種情況要對抗的是「世俗」，而不是「空氣」。

曾經有一位母親來找我談話，她的女兒剛從國外回來，目前就讀小學五年級。

在美國長大的女兒回到日本後，常穿著漂亮的洋裝上學。

沒想到才過了一段時間，女兒對於穿這些鮮豔的衣服變得有點猶豫，之後還刻意穿得樸素又土氣去學校。

母親仔細詢問之下，才知道她在班上遭到霸凌。

身為攝影師的父親知情後對女兒說：「妳不用穿樸素的衣服，穿自己喜歡的衣服上學就好。」

母親卻擔心「這麼做不就會一直被霸凌？」於是來找我商量。

我對這位母親說：「您的女兒正在對抗的，不是那些霸凌她的孩子。」

讀到這裡，各位應該明白了吧。

這位歸國子女對抗的是「世俗」的眼光。

我必須再說一次，在美國的學校中，有霸凌者，也有阻止的人，有無視霸凌的人，當然也有看好戲的人，什麼人都有；但是，並不會發生所有人集結起來霸凌特定對象的情況。

然而，日本的霸凌卻可以很輕易如此，全班形成一個「世俗」，這個「世俗」就是日本。

也就是說，女孩正在對抗的是「日本」。

這是很艱辛的戰鬥，而且要打贏這場仗並不容易。

於是，我建議母親讓女兒穿樸素的衣服上學。

我同時請母親帶話給她：「你不是要成為霸凌別人的人，而是與『日本』對抗的人。」

我也讓她明白：「你不是因為被霸凌才改穿樸素的衣服，而是為了最後的勝利才穿上樸素的衣服」。

戰爭，需要戰略。必須做足相當的準備，並擬訂謹慎的作戰計畫。

「世俗」看到樸素的她，終究會把她納為團體的一員吧。

等到下課回家，或是與朋友出去玩，就穿自己喜歡的衣服。

在學校以外的場合，就穿自己的漂亮衣服。

最後，一起玩的朋友會說「這件衣服很漂亮呢，我也想這樣打扮」，成了同伴仿效的對象。

乍看在班上吃了敗仗，卻在其他時機點漂亮地贏了一局。

以結果來看，學校的樸素作風會改變嗎？應該不會。

但是，**每一個小小的戰役，都將成為撼動、改變國家大「世俗」的契機**。

當你被胖虎或嚴格前輩要求做討厭的事，頻率約半年或一年一次，而且是自己可忍受範圍的話，我建議姑且先接受。

但是如果太過頻繁，自己也難以接受，那不妨就運用「世俗」的五大規則來對抗。

由於「年長者的地位高」，看起來似乎不能拒絕討厭前輩的請託。若是如此，就嘗試尋求比討厭前輩更高層級的人的幫助。

這位討厭的前輩也只能順從他的前輩。

例如討厭的前輩每週都會要你去超商跑腿，有時還不給你錢。

如果討厭的前輩比你年長一歲，可以去找年長他一歲、也就是比你年長兩歲的前輩求援。

年長兩歲以上的前輩群中，至少找得到一位值得尊敬的人吧。

在年長兩歲以上的前輩面前，不是為了告密，也不是要說討厭前輩的壞話，而是如實表達你「真的很困擾」。

並說：「再這樣痛苦下去，我可能要考慮退出社團了……」

假如年長兩歲以上的前輩說「我去跟他說」，你要阻止對方「不行，這樣像是我跟你告密，到後來他還是會把氣出在我身上」。該前輩可能會說「假如他因此教訓你，你馬上跟我說」，也可能會說「不只有你，我也聽別人說過同樣的事」。

也就是利用「年長者的地位高」這項規則來扭轉局勢。

換成是胖虎這類暴力型角色，就要運用「重視送禮」的「世俗」規則。

其實大雄也常在聽到胖虎的無理要求時，運用「送禮」來逃脫其魔掌。

「世俗」很難改變，只好巧妙**運用「世俗」不變的規則來對抗**。

最終，「世俗」會漸漸改變。

希望未來那名歸國女孩結婚生子，孩子也上了小學，學校已經形成就算穿自己喜歡的漂亮衣服，也不會被霸凌的「空氣」。

為了改變「世俗」與「社會」，我決定要盡自己的一份力量。

我提筆寫書，也是為了這個目的。

拒絕人際空汙的思考練習⑳

運用「世俗」的規則，一步步打贏名為「改變」的小小戰役。

最終，那強大的「世俗」也能逐漸改變。

21 同儕壓力

如同前文的案例，「世俗」施予的壓力是：「**要跟大家做同樣的事；要跟大家的裝扮一樣；要跟大家講同樣的事**」。

也就是所謂「**同儕壓力**」。

我們身處同儕壓力極大的環境。

當然，這是因為「世俗」的存在。如同「世俗」規則之一的「排擠同伴」，人們為了避免被團體「排擠」，而順從了那樣的壓力。

除了前面舉過的「遊樂園」與「看電影」的例子，日常生活中很常見到類似的情況。

例如與朋友討論午餐吃什麼。

朋友輪番說出「拉麵」、「拉麵好喔」、「想吃拉麵」、「去拉麵店吧」，輪到自己時，實在說不出口「我想吃漢堡」吧。

如果在歐美國家，對話會變成「我去吃漢堡囉，等一下在這裡碰頭」。

不用勉強自己順從朋友的想法，自己吃想吃的食物就好了。

每個人愛吃的東西本來就不一樣，勉強別人配合才奇怪。

在此，想和各位分享筆者在英國戲劇學校留學時發生的事。

那所學校的學生都是高中畢業即入學的十八歲，以及大學畢業後才入學的二十二歲的學生。

當時老師將學生以三人進行分組作業，題目是「演出自己的夢境」。

發表時間是兩週後。大家依照分組，下課後努力演練。有的小組非常認真，也有的小組進行不順利而起爭執。我的小組是演出同學蘿西的夢境，內容略顯緊張：「走在路上，陌生人問我前往教會的路，我向對方說明時，突然遭到攻擊而不得不趕緊逃走。」一開始有點恐怖，逃走，被追趕，又逃走，再被追趕。從中段起變成了動作片的誇張劇情。

發表作業那天，各小組依序演出。輪到進行不順利而發生爭執的小組時，其中一名同學說：「我們討論的結果是，不演出。」

我感到很驚訝。這時才說，老師會同意嗎？於是轉頭看老師的反應。不料老師只說：「我知道了。」回答得很自然，隨即指名下一組同學進行表演。

就這樣。

沒有人責怪不發表作業的小組。

該小組的三名成員也一副若無其事，完全不感到苦惱、丟臉，或是擔心被責備的表情。

真了不起。我在內心如此讚嘆。

感動之餘，也忍不住想：「真的可以嗎？像這樣只做自己想做的事。」

在這裡，至少我感受到，「要跟大家做一樣的事」的壓力變小了。

我們所身處的環境，有很大的同儕壓力。

雖說是壓力，也可能朝好的方向發展。

例如日本在東日本大震災時，殘破難行的道路僅僅花費一週就完美地修復完畢。

網路上廣傳震災一週後，各處道路修復完畢的照片，被譽為「日本的奇蹟」。

投入工程的人們當中，各自應該都受到震災大小不一的影響。可能有人的親戚仍下落不明，也可能有人家中房屋損壞外出避難。

但是，所有人都把自己的問題往後挪，團結一致以修復道路為首要目標。大家都認為這麼做是應該的，這就是往好的方向發展的「同儕壓力」。

當然，壞的方向就會形成霸凌，也就是全班攻擊唯一不背書包的人，或無視穿著漂亮衣服的人。

「大家都要同一個樣子喔」這樣的「同儕壓力」，是以「大家想的都一樣」、「大家都一樣才是對的」為前提。

這就是身處同一個「世俗」裡的同儕意識。

其實歐美也有同儕壓力。

只是，他們的前提是「大家想的都不一樣」。

在紐約的學校裡，白人、非裔、亞裔或是西班牙語系的學生齊聚一堂。說是亞裔，其中也分為日本、韓國或中國等不同出身的學生。就算統一歸類為亞裔，我們也知道彼此完全不同。

當背景完全不同的學生聚集在教室裡，應該沒人腦中還在想「因為你穿漂亮的衣服，所以我要霸凌你」這種事吧。

因為文化差異，有人討厭太華麗的服飾，也有人覺得盛裝打扮很好。

連「漂亮的衣服」的定義都不一樣呢。

多種鮮豔的顏色叫華麗嗎？露出較多的肌膚更美麗嗎？服飾上印上許多人物圖案好看嗎？文化差異讓美的定義也各自不同。

有時也會發生「不知對方怎麼想」的情況。

你走在路上，看到一名孩童跌倒在地上哭泣。

你不加思索伸出手，想幫孩童站起來。

此時，可能會有父母從遠方跑過來說：「謝謝您幫忙。」

不過父母也可能在一旁冷靜地說：「您的好意心領了，我們希望孩子靠自己的力量站起來。」

又比如，住在附近的孩童正一起玩耍，你去超商買果汁給他們喝。

有些孩童的母親可能會說「謝謝」，也可能會婉拒「我家孩子不喝市售果汁，請不要自作主張」。

這就像祖父母疼愛孫子，買許多零食給孫子吃，然後被媳婦嚴正阻止：

「零食加太多人工色素、防腐劑，請不要再買了。」

過去活在「世俗」裡的人們思考都一樣，單純為了凝聚力量而成為一體。

如今日本聚集了世界各地的人們，並深受多采多姿的異國文化影響。在這影響下，日本又衍生出更多文化，已經不能像過去那樣，認為「大家想的都一樣」。

這也是「世俗」逐漸崩壞的原因之一（最早來自信奉國家主義，以「富國強兵」為目標的政府）。

儘管如此，「大家要想一樣的事」依然是許多團體的緊箍咒，「同儕壓力」在現代持續發揮強大的約束力量。

拒絕人際空汙的思考練習㉑

確實區分何時需要「跟大家一樣」，何時不需要，就能擺脫同儕壓力。

22 重視自己

國外也有「同儕壓力」。

不過，為了不讓學生屈服於同儕壓力，歐美的學校會教育學生**「重視自己的想法」、「尊重自己的情緒」、「認同自我的認知」**。

也就是**「自尊心」、「自尊的認知」**。自己如何看待自己？多重視自己？多喜歡自己？諸如此類的情感認知。

透過各種問卷調查結果發現，日本人的「自尊心」極低。

日本的年輕人並不喜歡自己，沒有自信，也討厭自己。

統計資料也指出，日本女性比男性的自尊心更低。

當然，這是有原因的。

我認為這樣的現象與「世俗」有關。

我在前文向各位提到，日本是農業社會，比起每個人都擁有亮眼的特色，更重視團體的表現。

重視團體勝於個人。在這樣的社會中，很難培養出喜歡自己、重視自己的觀念。

比起每一個人，「世俗」更重視團結的群體。

我在倫敦的戲劇學校留學時期，上課告一段落，老師一定會問：「有沒有問題？」

所有學生一齊舉手。

一開始我被這樣的景象嚇到了。

剛從高中、大學畢業的年輕人迅速舉起手。

我心想：「也太驚人了，每個人都很認真上課呢。」

然而，舉手學生發表的大多是「今天上課非常開心」，或是「今天上課內容讓我想起我過世祖母常說的話」這類的「感想」。

我內心感到疑惑：「這些不是提問啊，只是單純的感想不是嗎？」

從那時起，我發現每一次老師問「有沒有問題？」，學生一樣不是提問，只是發表自己的感想。

老師對此似乎也不感到奇怪。

過了三個月左右，我終於下定決心問我的同學理查。

理查明白我的疑惑後說：

「我們雖然聽到『有沒有問題？』，卻還是只表達自己的感想。這是有原因的。」

理查很認真地說：

「我們從小學一年級開始，無論體驗或學習什麼，最後老師都會說：『每個人都是無可取代的人，所以你應該也會有自己的感想或問題。那麼你的感想或問題是什麼呢？』老師常強調：『你不是別人，你就是你自己，所以你一定有自己的感想或問題吧。』所以每當體驗或學習之後，都好像非得說些什麼不可，就像一種『強迫觀念』一樣。」

這裡的「強迫觀念」，指的是「無論如何都要擠出一些話」；就算覺得很蠢，也要設法說些什麼的念頭。

英國的同學（當中也有義大利、西班牙等歐洲人及美國人）都受制於必須說些什麼的「強迫觀念」，就算對上課內容沒有疑問，也會盡量表達內心的「感想」。

提問並不容易。能夠提問，證明你確實理解了課程內容。

在一知半解的學習中，是無法提問的。

換成感想的話，每個人都能說。即使不理解課程內容，就說「我聽不太懂」就好。

因此，大家踴躍分享自己的「感想」。

我對於歐美學生的「強迫觀念」感到驚訝。

接著，我思考日本學生聽到「有沒有問題？」時，有怎樣的「強迫觀念」。

我發現答案是：「既然是提問，就必須確實提出問題才行」。

學生對於課堂上的發問，會相當在意提問的水準，免得被同學認為「怎麼會問這種問題，是笨蛋嗎」。

我在海外演講時，問大家「有沒有問題？」，接連出現的都是表達感想的聽眾。

在國外大學的演講也一樣，課程早已結束，下一堂課即將開始了，還是有學生陸續發表自己的感想。

如果在日本，當我問：「有沒有問題？」大家都會迅速低下頭。萬一與我的目光對上而被指名「有沒有問題？」，那就麻煩了；也有人不小心與我的目光對上，卻像被巫術變成石頭一樣，閉上眼睛。

就算真的有問題，也很少有人願意舉手發問。

不重視自己的問題，覺得不是大不了的問題。

這就是「自尊心」極低的表現。

歐美國家的人們認為，要在世上成功生存，就必須培養「自尊心」，因為討厭自己、認為自己毫無價值的人，無法活出自己喜歡的人生。

他們從小學開始，就教育孩子「你的存在無可取代」。

反觀我們的教育，學生到底接受了怎樣的教育？

我們是否常說「不要給別人添麻煩」？

這真是完美感知「同儕壓力」的教育。

也就是針對存活在「世俗」的人的教育。

然而，人無法在不麻煩別人的情況下獨自生存。

想認真做些什麼的話，一定會麻煩別人，或造成別人困擾。

例如你想成為球隊的正式球員拚命練習，順利升上正式球員後，就有人無法成為正式球員而成為候補球員。

你的努力對那個人來說就是個困擾。

問題只在於你是否把這種情況視為困擾。

如果有人比你練習得更勤快、技巧也更熟練，就換你成為候補球員。

這並不是困擾，而是生存的「互相」。

所謂「互相」，就是**無論麻煩別人或感到困擾，都要互助合作生存下去**。

人生就是這麼一回事。

我們不可能不麻煩任何人而生存下去。當你真心想做什麼事，也很難在不麻煩別人的情況下順利完成。

請設定**「讓自己和別人變得幸福」的生存方式，而不是「不麻煩別人」的生存方式**。

拒絕人際空汙的思考練習㉒

重視自己，才能在「世俗」中發現自己的價值。

23 不怕被排擠

對抗教人鬱悶不已的「世俗」，還有一個方法。

那就是「**不怕被排擠**」。

曾經有一名高中生來找我諮詢，她覺得朋友似乎不把自己當成朋友對待。

她常和班上四名同學在一起，無論是上課、午餐，大家都一起行動，下課後也常去蛋糕吃到飽的店家聊天，或在暑假相約去海邊玩。

但是她總覺得在這個小團體中，「沒有自己好像也沒關係」。

去哪裡玩常沒有跟她討論就決定了，其他四人無論誰先發起話題，幾乎都沒有人會對著她說話。

就算去咖啡廳，自己總是坐在最旁邊的座位。有一次她恰巧坐在中間，卻被要求「往裡面坐一點」。

她覺得自己彷彿身處這個小團體的最底層，而且「大家並沒有把我當成真正的朋友」。

我給她的建議是，評估自己對於「繼續跟不把自己當朋友的人在一起」，以及「獨自吃午餐、換教室」，比較不喜歡哪一個。

大家都討厭獨自一人，我也是，不想被認為自己是沒朋友的人。

但是，我也討厭「假裝是朋友」。明明就不是真正的朋友，卻因為不想獨自一人、不想變得悲慘而假裝是朋友，這更讓人覺得討厭。

很多人就這樣形成了小團體。獨自一人覺得悲慘，也會被覺得可憐，因此假裝彼此是朋友。大家都對彼此不感興趣，也不是真心傾聽別人談話，各自說著自己想說的話。

有時候聊天到一半，有人離開去廁所，這些人還會開始說起那人的壞話。

我建議這名高中生把「假裝大家是朋友的痛苦」，與「獨自一人的悲慘」放在天秤兩端，思考自己比較不想面對哪一種情況。

或許兩者都不喜歡吧。但是，請仔細思考哪一種更討厭。

你呢？討厭哪一種情況呢？

不用急著做選擇。請慢慢思考。

你要問自己，如果你認為「不喜歡任何情境下都獨自一人，無法忍受那樣的悲慘」，那就選擇「假裝大家是朋友的痛苦」。

這就是接受「世俗」的方法，也就是成為不喜歡的「世俗」的成員之一。

或是你認為，「我更討厭跟明明不是朋友的人假裝是朋友而交往。我受不了那樣的虛偽」，那就選擇獨自一人。

我在念國中時，也曾思考自己比較厭惡哪一種情況，我後來選擇「獨自一人」。因為我更厭惡「明明不是朋友，卻假裝是朋友」。

不久之後，我發現有同學也是「不喜歡假裝是朋友」而選擇「獨自一人」。

於是我開始和那名同學聊天，成為了真正的朋友。

因為我「不喜歡假裝是朋友」，才發現對方的存在。如果我沒有做出獨自一人的選擇，就永遠不會發現他的存在；對方也不會察覺到我的存在吧。

所謂「獨自一人的悲慘」，指的是被「世俗」排擠在外。

但是請不用感到害怕，雖說被「世俗」排擠，但這不是被判死刑。

我想你一定會覺得寂寞。而事實上，大多數人正是因為害怕這樣的寂寞而選擇加入「世俗」吧。

若是如此，不妨試著想想消除這種寂寞感的方法。

當你不再因寂寞而困擾，也將更容易脫離「世俗」。

拒絕人際空汙的思考練習㉓

選擇待在「假裝是朋友」的團體，只能一直走在沒有真正朋友的道路。

「獨自一人」看似寂寞，卻是擺脫鬱悶現況的唯一道路。

24 「世俗」不只一個

習慣「世俗」的人，不擅長與「社會」的人對話。

我們很難向陌生人攀談。

更不用說像歐美國家的人一樣，在車站、公園等陌生人聚集場所，找到交往對象，或交到朋友。

但是，在東日本大震災之後，日本各地「社會」的人開始對話了。

例如走在路上忽然發生地震搖晃時，會不由自主想對陌生人說「剛剛又地震了」、「搖得有點厲害呢」。

接著再道別往各自的方向前進。

地震讓人心生恐懼，我們因此不自覺想和身旁的人交談。假如身邊有朋友在，就會對彼此說「剛剛搖得好大，真可怕」，藉此消除緊張的情緒。

就算對象是陌生人，光是一段簡短的對話也能稍微安下心來。身邊沒有「世俗」的人時，我們只好跟「社會」的人說話，藉以穩定情緒。

以前人們走在山路小徑，偶然與對向的人擦肩而過，都會互道一聲「你好」。這種與素昧平生的「社會」人的對話，我稱之為「**社會對話**」。

你沒聽過「社會對話」這個詞吧？那是我自創的用法。不過你可能聽過「話家常」的說法。

聊天就是一種「話家常」。

A：「要出門嗎？」

B：「是啊，出去一下。」

仔細思考，這對話根本毫無訊息價值。「出去一下」是要去哪裡？意思表達得不清不楚。

這樣的對話，正是我們所謂「話家常」。

可是，為什麼人們要這樣對話呢？

事實上，A和B正在確認彼此屬於同一個「世俗」的人。

然而，「社會」的人不會產生這種對話。「社會」的人不會問陌生人「要出門嗎？」，也不會回應陌生人「出去一下」。

無論在公司、學校或各種團體活動，積極「打招呼」，是為了確認彼此屬於同一個「世俗」。

這在「世俗」中非常重要。

因此人們需要「話家常」。

不過，我認為「社會對話」才是掌握未來的關鍵。

例如每天慢跑時，與擦身而過的人說聲「你好」的「社會對話」；遛狗時，與其他狗兒主人聊自家寵物趣事的「社會對話」；與圖書館遇見的陌生人聊起「最近讀了哪本書」的「社會對話」。

這些對話可以讓「世俗」中感到鬱悶的你，獲得解脫。

如果你只隸屬於某一個「世俗」之中，一旦遭到「世俗」放逐或與「世俗」產生衝突時，就會感到走投無路、萬念俱灰。

這時你會感到非常絕望吧。

如果你平常只跟交情好的團體說話或一起行動。

萬一你和該團體中的人吵架，或是被欺負而無法繼續待在團體中，也一定會非常沮喪吧。

與「唯一的『世俗』」發生衝突，或遭「世俗」放逐時，你可以透過兩個方法，避免讓自己深陷鬱悶之中：

一、同時加入其他低約束力的「世俗」。

二、學習「社會對話」。

窮盡一生投入職場的上班族退休之後，有些人會變成一個空殼，彷彿失去生存的意義，什麼事都提不起勁去做。

這是因為公司是多數上班族唯一的「世俗」。

一旦退休，也失去了唯一依附的「世俗」。

除了公司之外，如果平常能加入當地的業餘棒球隊參加比賽、為當地的志工團體服務，或是與高中同學出遊，即使離開公司後也還有努力的目標或喜愛的休閒娛樂。如此一來，就不會感到人生失去意義了吧。

即使隸屬在公司這種強大約束力的「世俗」之下，卻也同時屬於業餘棒球隊、志工團體或同學等低約束力的「世俗」中。

我想建議目前只屬於某一個「世俗」的各位，不妨嘗試加入其他「世俗」。

什麼樣的團體都好。

身處約束力強大的「世俗」當中時，不可能同時依附在另一個強大「世俗」之下。

為了對抗約束力強大的「世俗」，並不是要找同樣強大的「世俗」，而是加入其他約束力較弱的「世俗」；如果能加入很多個，也很棒。

比方說，補習班的朋友是「世俗」。

去上會話課、舞蹈課，這些團體也是「世俗」。

透過加入其他「世俗」，就能超越在約束力強大的「世俗」中所感受到的鬱悶或糾紛。

我前面提到找我諮詢的高中生，因為她總是和小團體膩在一起，這個團體因此成為她唯一且具強大約束力的「世俗」。

正是因為只有這一個「世俗」，她才會感到痛苦。

即使發現「大家根本不把自己當成真正的朋友」，但是要脫離這唯一且具強大約束力的「世俗」，不僅非常困難，也需要十足的勇氣。

假如她每週都去上舞蹈課，並在班上交了朋友，也可以更容易鼓起勇氣從「被視為邊緣人的團體」中脫離。

唯一的「世俗」，成為人們唯一的依賴，再痛苦也難以脫離。

相較之下，**同時隸屬在不同「世俗」之下，選擇多了，心情也容易豁然開朗**。

因此對於那名高中生來說，在舞蹈課之外，還有一星期上一次的補習班，這也是低約束力的「世俗」。透過加入不同的「世俗」，她的內心會更自由。

各位如果不曉得自己適合怎樣的「世俗」，不妨嘗試深入探索。開始學些才藝，或去補習班進修，也可以透過網路查詢招募學員的社團。一邊找尋的同時，你的寂寞感就會因各種「社會對話」而消除。

光是在圖書館對陌生人簡單說一句「這本書很有趣喔」，臉上就會不自覺揚起微笑。

在車站看到辛苦推嬰兒車的婦女，上前對她說「需要我幫忙嗎？」，也會覺得自己很棒。

各位一起來試試看吧，**開始與「社會」的人對話，同時加入低約束力的「世俗」**。

拒絕人際空汙的思考練習㉔

嘗試與「社會」對話，加入多個低約束力的「世俗」，是解開人際日常鬱悶的鑰匙。

25 支援自己的網絡

一旦依附於強大的「世俗」，你也會變得強大。
但這並不是來自你的實力，而是支援你的「世俗」足夠強大。
人類很弱小，只好透過這樣的機制來壯大自己。
比起打工兼職，在大企業上班看起來比較厲害；
比起分數低的學校，上分數高的學校感覺實力更強；
比起排名低的大學，進入排名高的大學的自己好像更優秀。
這些並不是我們自己厲害，只是我們獲得了大企業、分數及排名高的學校等強大「世俗」的支援而已。

一旦加入了強大的團隊，明明自己的實力沒變，卻感覺自己好像也變厲害了。

我在前面舉過這個例子，歐美國家的人聽到朋友要吃拉麵，就算只有自己意見不同，也會說「我自己去吃漢堡好了」。

你會覺得「他們真強大」。畢竟自己最後還是會附和別人的喜好而去吃拉麵，雖然是小事，想想似乎還是有點悲傷呢。

不過，歐美國家的人們之所以強大，倒不是真的哪裡多厲害，而是他們本身就擁有強大支援的緣故。

是什麼在支援他們呢？

是的，就是一神教的神。

在強大神祇的支持下，就算自己的意見跟朋友不同，也不用放在心上。

題外話，如果神說「去吃拉麵」，歐美國家的人們應該也會無條件接受拉麵的選項（當然神是不會說這種話）。

「世俗」如同一神教的神。「世俗」就是神。所以當身邊的人說「去吃拉麵吧」，就彷彿是一道不可違逆的指令；「世俗」中的人說的話就是「世俗」的指令，也是神的指令。

所幸「世俗」已逐漸崩壞，現在幾乎不存在具有如此強大約束力的「世俗」了。

因此，我們會強化自己所屬的「世俗」來支援自己。

好不容易脫離了讓你感到鬱悶的團體，投入每週一次的繪畫教室。你脫離了關係良好的強大「世俗」，加入了低約束力的「世俗」。

但是在約束力弱的「世俗」中，似乎無法感到安心，因為這個「世俗」感受不到支援自己的力量。

這時，我們會想強化低約束力的「世俗」。

為了做到這點，又開始要求大家遵守「世俗」的五大規則：包括遵從年長者、增加「聚會時間」、互相餽贈、排擠同伴、要求彼此遵守承諾。

這麼一來，低約束力的「世俗」會變得強大，而你的鬱悶很可能再度復甦。

我的建議是，**不要把組織一個常膩在一起的親密團體，視為唯一的解方**。

當然，如果可以組成一個不排擠同伴、也無階級差異的友好團體，當然是最棒的「世俗」。

但這是不可能的。

關係好的團體愈團結，就愈容易出現排擠的情況，有人也會因此感到鬱悶。因為排擠同伴，正是加強「世俗」約束力的方法。

我們不是要脫離關係良好的團隊，另外建立一個約束力強大的「世俗」；而是**加入多個低約束力的「世俗」，藉以支援自己。**

在經常相處的團體之外，不妨多跟偶爾見面的人們建立良好關係，這就是讓生活擺脫鬱悶的方法。

拒絕人際空汙的思考練習㉕

愈是親密的團體，帶來的鬱悶與拘束力愈大。

真正的強大，不是來自於你所身處的強大的「世俗」，而是你在許多「世俗」中依然能保持自我。

26 在智慧型手機時代學會自處

智慧型手機改變了人類的生活。

擁有手機前後，你的生活發生了哪些改變呢？

滑到朋友上傳社群軟體的相片，內心又是怎麼想的呢？是否感到「羨慕」，抑或「好開心，反觀我的生活還真單調」、「大家看起來都好幸福，我卻……」、「不想看那些一副很快樂的相片」，你的內心是否曾出現這些想法呢？

網路的遠距聯繫曾經帶給許多人希望；然而這些連結，如今成為更多人的負擔與痛苦來源。

人們有了手機，與愈多人產生聯繫，卻沒有因此更快樂，反而感到更深沉的孤獨。

這正是因為**手機把「世俗」變得「具象化」**。

自己存在於怎樣的「世俗」？是多麼被「世俗」排拒在外？「世俗」現在變成什麼模樣？這些都以眼睛看得見的形態一一呈現出來。

手機也持續增強人們的自我意識。

所謂自我意識，指的是「認為旁人如何看待自己」。

我們從手機上看到別人用數字呈現對你的評價。

多少人追蹤、多少人按讚、多少人瀏覽……

即時且數據化的評價。

我在十多歲時，完全沒有手機這類產品。當時只有電視廣播、報章雜誌等大眾媒體，要想獲得世人注目，就必須付出相當大的努力才行。十多歲騎單車環島一周、遊歷世界三十國、出版書籍等等，做到這些不容易達成的事，才可能獲得別人讚賞；若能進一步獲得媒體報導，更等同一躍成為名人。

在智慧型手機普及的時代，每個人都能發文，獲得追蹤，也有粉絲回應。自己受到多少關注呢？比起昨天，今天的關注度是增或減？手機一一告訴你。

這是一種麻醉劑。

如果一味在意自己的評價，自我意識就會不斷升高，變成只在意「別人怎麼看我」度日。

然而「別人怎麼看我」，就是這本書所討論的主題「空氣」。「空氣」每天都在變化，是變動極大的評價。

一旦把「空氣」視為生存的目標與意義，每天過的就是不穩定與不安心的日子。

為了獲得更多追蹤人數、瀏覽人次與「讚」而發言。

如果獲得更多人認同，就成了「網紅」。

和過去不同，在網路世界中能輕易成為名人。因此許多人無法原諒不是名人的自己、沒有成為名人的自己。

多數人認為「自己絕非只有那點程度的人」。

為了成為「網紅」而持續貼文。

但是網路上人外有人，天外有天。無論發表什麼主題的文章或照片，很可能隨即被比下或遭到否定。

即便發表漫畫、電影或小說相關評論，也可能會被打臉或掀起筆戰。

「成不了名人」的自己遭受挑戰。

為了不被否定，「正義的語言」出現了。

「看到未成年人喝酒。」

「我上傳了高中生抽菸的相片。」

「有人闖紅燈。」

「整排自行車停在馬路上阻礙通行。」

這些內容絕不會在社群軟體上遭到否定。而對於發文檢舉的人來說，自己也彷彿變成了「名人」，因此最近網上以「正義」之姿發文的人愈來愈多了。

不過，我認為這類「名人」並不會變得幸福。

重度使用網路並持續檢舉，這樣的人生未免也太辛苦了。

在手機時代的自處上，學習認同自己，並以提高「自尊心」為目標，同時放下對別人的比較與憎恨。

建議各位以自己「是否喜歡」、「是否想做」，來判斷是否上傳社群相片及貼文。

單純以「正義的語言」與「別人的評價」作為自己發文的動機，只會讓生活變得更加沉重。

我是作家，但我不會只以「讀者是否喜歡」來作為自己寫作的標準。讀者如果喜歡，我當然很開心；不過在此之前，更重要的評斷標準還是「自己想寫嗎？」、「自己認為精采嗎？」

如果把標準放在自身作品之外，純粹以「讀者是否喜歡」來考量，生命的節奏會趨向不穩定，人生也會變得不幸。

決定人生的是自己，而非「別人是否給予好評」。

另外和各位分享一個觀點。

不要把手機運用在強化「世俗」的層面。

也就是說，不要把手機的最大功能放在觀看好友相片，或是頻繁回覆LINE與電子郵件等等。

不妨讓你的手機多與「社會」連結。

發掘沒聽聞過的人或資訊，這是手機最初的使用方法。

此外，網路上充斥著惡意與誘惑，一個不小心，就有許多把你帶往黑暗世界的資訊。

我們就像才剛學會使用手機這個強大咒語的魔法實習生。

手機容易讓人變得孤獨，也可能開創更多機會；手機能將人趕盡殺絕，連自己都可能被逼到尋死

學會手機真正使用之道，一定會遇到讓自己變得更好的資訊與朋友。

網路提供適合你的各種娛樂。透過網路，你可以發現許多打從內心讚嘆的好內容。

網路讓你看到在世界角落努力求生的人們，也讓你看到令人感動的文化樣貌，指引你尋覓前行之路。

這就是從約束你的「世俗」中獲得自由，把自己從鬱悶拯救出來的方法。

拒絕人際空汙的思考練習㉖

手機社群不是另一個讓你陷入鬱悶的「世俗」，而是帶你看見「社會」、找回自由的重要管道。

結語

本書即將畫下句點。

關於「世俗」與「社會」的意義，你是否了解了呢？

由於談得較深入複雜，只讀一次可能還無法釐清。

在此希望各位能多讀幾次。

如果各位想進一步探討，也可閱讀拙著《空氣與世俗》（暫譯），當中會有更詳盡的解說。

不過，我想傳達的核心內容，都已經寫在這本書裡頭了。

我的國家日本是一個很棒的國家，擁有四季分明的自然景致，在高科技文明之外，也有著層次豐富的傳統，以及電影、動漫等當代流行文化。

然而，這裡也是同儕壓力極大的國家。

若想戰勝同儕壓力，順利生存，就必須培養智慧。

最重要的就是看清事物的本質，而非受到形式所操弄。

我認為，日本的本質存在於「世俗」、「社會」和「空氣」之中。

如果我所寫下的想法能讓你獲得自由，並支撐你繼續生存，我將感到非常安慰。

無論哪個年齡層，都很難擺脫「世俗」或「空氣」。

不過，如果能正面迎向壓抑的「世俗」，以及過度強化的「空氣」，相信這個國家也會一點一滴改變。

拒絕前輩不合理的請託，脫離假裝是朋友的團體，以及與陌生人進行「社會對話」，這些都不只是你自己的戰役，同時也在支持那些為同儕壓力所苦的人們。

你的戰爭不只是為自己而戰。如果有這樣的自覺，就算被逐出團體、在團體中感到孤獨，相信你也能夠生存下去的，對吧。

與「世俗」和「空氣」的戰鬥，我由衷為你加油。

我讀「空氣」但不盲從：
不受情緒影響，拒絕「人際空汙」的思考練習
「空気」を読んでも従わない——生き苦しさからラクになる

作　　者　鴻上尚史
譯　　者　陳美瑛
社　　長　陳蕙慧
副總編輯　戴偉傑
特約主編　周奕君
行銷企畫　陳雅雯、尹子麟、余一霞
封面設計　走路花工作室
內頁排版　極翔企業有限公司
集團社長　郭重興
發行人兼出版總監　曾大福
印　　務　黃禮賢、李孟儒
出　　版　木馬文化事業股份有限公司
發　　行　遠足文化事業股份有限公司
地　　址　231新北市新店區民權路108之4號8樓
電　　話　02-2218-1417　　傳　　真　02-8667-1065
Email　service@bookrep.com.tw
郵撥帳號　19588272 木馬文化事業股份有限公司
法律顧問　華陽國際專利商標事務所　蘇文生律師
印　　刷　前進彩藝有限公司
初　　版　2021年1月
定　　價　新臺幣300元
ISBN 978-986-359-842-8

"KUKI" O YONDEMO SHITAGAWANAI: IKIGURUSHISA KARA RAKU NI NARU
by Shoji Kokami

Originally published in 2019 by Iwanami Shoten, Publishers, Tokyo.
This complex Chinese edition published 2021
by ECUS Publishing House, New Taipei City
by arrangement with Iwanami Shoten, Publishers, Tokyo
through AMANN Co., Ltd., Taipei

國家圖書館出版品預行編目(CIP)資料

我讀「空氣」但不盲從/鴻上尚史著；陳美瑛譯. -- 初版. -- 新北市：木馬文化事業股份有限公司出版：遠足文化事業股份有限公司發行, 2021.01
224面；14.8 × 21公分

ISBN 978-986-359-842-8 (平裝). --

1. 人際關係 2. 行為心理學

177.3 109016854